ORGANIZADOR
RODRIGO BIBO

bibotalk apresenta

doutrina e devoção

O CAMINHO DA VERDADE
NA VIDA EM COMUNIDADE

Thomas Nelson
BRASIL

Copyright © 2022 por Rodrigo Bibo de Aquino

Os pontos de vista desta obra são de responsabilidade de seus autores e colaboradores diretos, não refletindo necessariamente a posição da Thomas Nelson Brasil, da HarperCollins Christian Publishing ou de sua equipe editorial.

Publisher	*Samuel Coto*
Editor	*André Lodos Tangerino*
Preparação de texto	*Davi Freitas*
Revisão	*Gabriel Braz*
Capa, Diagramação e Projeto gráfico	*Caio D'art Design*

DADOS INTERNACIONAIS DE CATALOGAÇÃO NA PUBLICAÇÃO (CIP) (BENITEZ CATALOGAÇÃO ASS. EDITORIAL, MS, BRASIL)

D772

Doutrina e devoção : o caminho da verdade na vida em comunidade – organizador Rodrigo Bibo. – 1.ed. – Rio de Janeiro : Thomas Nelson Brasil, 2022.
208 p.; 13,5 x 20,8 cm.

ISBN : 978-65-5689-358-7

1. Comunhão. 2. Devoção. 3. Doutrina cristã. 4. Escrituras cristãs. 5. Espiritualidade. 6. Literatura devocional. I. Bibo, Rodrigo.

03-2022/75   CDD 230

Índice para catálogo sistemático:
1. Doutrina cristã : Cristianismo   230

Aline Graziele Benitez – Bibliotecária – CRB-1/3129

Thomas Nelson Brasil é uma marca licenciada à Vida Melhor Editora LTDA.
Todos os direitos reservados à Vida Melhor Editora LTDA.
Rua da Quitanda, 86, sala 218 — Centro
Rio de Janeiro — RJ — CEP 20091-005
Tel.: (21) 3175-1030
www.thomasnelson.com.br

Sumário

7   **APRESENTAÇÃO**
Rodrigo Bibo

13   **CAPÍTULO 1**
A PERGUNTA MATADORA
Rodrigo Bibo

25   **CAPÍTULO 2**
O QUE O SEU ESTUDO PRODUZ?
Angelo Bazzo

35   **CAPÍTULO 3**
APOLO, UM HOMEM DE CORAÇÃO FERVOROSO
Igor Miguel

57   **CAPÍTULO 4**
DOUTRINA, DEVOÇÃO E COMUNIDADE
Angelo Bazzo, Cacau Marques, Igor Miguel e Rodrigo Bibo

73   **CAPÍTULO 5**
LECTIO DIVINA: HERMENÊUTICA E ESPIRITUALIDADE
Israel Mazzacorati

95   **CAPÍTULO 6**
AS TRÊS DIMENSÕES DA COMUNHÃO CRISTÃ
Carlos "Cacau" Marques

111   **CAPÍTULO 7**
UMA INTRODUÇÃO À DOUTRINA DAS ORAÇÕES DE JESUS
Victor Fontana

127 **CAPÍTULO 8**
DOUTRINA E DEVOÇÃO EM JONATHAN EDWARDS
Carol Bazzo

137 **CAPÍTULO 9**
BONHOEFFER SOBRE A COMUNHÃO DOS SANTOS E A IGREJA HOJE
Alexander Stahlhoefer

155 **CAPÍTULO 10**
DOUTRINA E MISSÃO
Diego Bittencourt

171 **CAPÍTULO 11**
ADORAÇÃO APOCALÍPTICA E DEVOÇÃO INTEGRAL
Victor Fontana

185 **CAPÍTULO 12**
PERSPECTIVA BÍBLICA DO CUIDADO [DE SI E DO OUTRO]
Kenner Terra

apresentação

Este livro é para a comunidade e nasceu em comunidade. Em novembro de 2019, estive na cidade de Monte Mor para mais um BTDay, o encontro dos ouvintes do Bibotalk. Foi muito especial para todos os presentes, pois em cada palestra, em cada troca de afeto na hora do café ou nos momentos de louvor, fomos envolvidos pela presença de Deus. Lembro-me de que, no final do evento, liguei para minha esposa e ela sentiu em minha fala a alegria ao comentar o que tínhamos vivido. Foi algo marcante!

Após alguns dias, tivemos a ideia, nós do Bibotalk e da Escola Convergência, de externar a todos um pouco do que vivemos naquele dia por meio de um livro. De lá para cá, muitos outros amigos somaram suas contribuições ao projeto com novos artigos, o que resultou em uma coletânea de textos que refletem sobre o papel da doutrina em nossa devoção e missão.

No primeiro capítulo, conto minha experiência de descaso com a devoção e como isso quase acabou com meu casamento e com meu ministério. Em seguida, no capítulo dois, o pastor Angelo Bazzo aprofunda a relação entre doutrina e devoção, e nos mostra como se interligam e se autossustentam. No capítulo três, o teólogo e pedagogo Igor Miguel nos convida a olhar para a vida e para a atitude de Apolo, um dos grandes pregadores do livro de Atos. E no BTCast, que contou com a participação especial do pastor e *podcaster* Cacau Marques, conversamos sobre como a comunidade de fé é fundamental para a nossa vida doutrinária e devocional.

doutrina e devoção

Em seguida, o mestre Israel Mazzacorati analisa a passagem de Apocalipse 10 e costura a partir dela os papéis da hermenêutica e da exegese para o desenvolvimento de uma espiritualidade sadia.

Para além do BTDay, o já citado Cacau Marques também contribuiu escrevendo o capítulo seis, no qual nos brinda com uma reflexão a partir da carta de Paulo aos coríntios, uma igreja marcada por confusões doutrinárias e místicas.

Victor Fontana, com sua pena afiada, reflete sobre as orações de Jesus e nos convida a perceber como elas nos atraem a uma vida de unidade e proclamação. A professora Carol Bazzo nos apresenta o pensamento do teólogo do avivamento Jonathan Edwards, mostrando como a vida e o ministério desse homem servem de modelo para a nossa espiritualidade.

Os quatro últimos capítulos foram escritos especialmente para esta edição! Nosso especialista em teologia luterana, Alexander Stahlhoefer, explicita o pensamento de Dietrich Bonhoeffer sobre a comunhão cristã e, na sequência, o pastor e teólogo Diego Bittencourt mergulha na missiologia de Michael Goheen para nos conscientizar da necessidade de buscar doutrina e devoção.

No capítulo onze, Victor Fontana retoma a palavra analisando a adoração em Apocalipse e em que medida a devoção integral é necessária para resistirmos às tentações deste mundo. Por fim, Kenner Terra explora a importância do cuidado, de si e do outro, na comunidade cristã, e nos desafia a exercer esse chamado de profunda devoção.

Desejo profundamente que uma parte do que vivemos naquele dia, somada às preciosas contribuições mais recentes, reverbere em sua vida e na vida da sua comunidade. Boa leitura!

Rodrigo Bibo
Diretor do Bibotalk
Março de 2022

capítulo 1

A pergunta matadora

RODRIGO BIBO[1]

> *Imagine um barco com dois remos,*
> *o remo da oração e o remo do estudo.*
> *Com um só desses remos, navega-se em círculos,*
> *perde-se o rumo e corre-se o risco de chegar*
> *a lugar nenhum.* – Martinho Lutero

Como a maioria de vocês sabe, trabalho com *podcast* há mais de onze anos e com a Bíblia desde 2002. Adquiri conhecimento estudando e ensinando a Palavra, a qual abro quase todos os dias. Mesmo ensinando as Escrituras, gravando *podcasts*, pregando e dando aulas, em 2016 quase traí minha esposa ao me envolver emocionalmente com uma ouvinte do *podcast*.

Naquele ano, comecei um aconselhamento on-line com essa moça. Esse aconselhamento, que começou bem, nos levou a um caminho inadequado. As conversas deixaram de ser um aconselhamento para ser um flerte meio que velado,

----

1 Rodrigo Bibo de Aquino é casado com Alexandra, pai da Milena e do Kalel. É diretor do Bibotalk, um portal de *podcasts* cristãos, que inclui o BTCast, o maior *podcast* de teologia e Bíblia no Brasil. É graduado em Teologia pela Faculdade Luterana de Teologia e mestre em Teologia pela FABAPAR. É autor do livro *O Deus que destrói sonhos* (Thomas Nelson Brasil) e organizador de *Nova Mentalidade: conversas em torno da carta de Paulo aos Filipenses* (Mundo Cristão).

doutrina e devoção

pois, quando me dei por conta, percebi que conversávamos como dois solteiros via WhatsApp, sendo ambos casados. Houve uma espécie de envolvimento emocional ou, melhor dizendo, de adultério emocional. Eu, um homem casado, e ela, uma mulher em processo de separação, conversando todos os dias sobre séries, amenidades e nossas frustrações no casamento. Sentíamos a necessidade de nos falar todos os dias. Foi assim por uma semana. Por mais que a conversa não tenha descambado para troca de fotos ou declarações amorosas, estava na cara a dependência emocional de ambos, pois ficamos por alguns dias nos falando constantemente. Ou seja, aquele aconselhamento se tornara uma amizade inapropriada.

Esse foi um momento muito complicado em minha vida. Fui flagrado nesse pecado e precisei me sentar com minha esposa para conversarmos a respeito — o que foi uma situação delicada tanto para mim como para ela. No mesmo dia, liguei para a equipe do Bibotalk e fizemos uma reunião, pois essa conversa poderia vazar para a web e certamente meu pecado respingaria neles. Naquela mesma semana, também conversei com pastores e confessei meu pecado, e, então, Deus começou a tratar comigo e com minha esposa. A restauração teve início!

Naqueles dias, ainda muito afetado com o que estava acontecendo, fui buscar o pastor Wilson Porte (pregador e escritor) no aeroporto por causa de um evento que aconteceria em minha cidade. Sou uma pessoa que fala com facilidade e não tem vergonha de apontar os próprios erros. Se estou mal e me sento à mesa com alguém, vou logo contando meus problemas e pecados. Falei, então, com Wilson sobre tudo o que me acontecera naqueles dias — uma "ficha corrida" do meu pecado. Ele me ouviu com atenção e me fez uma única pergunta – A PERGUNTA MATADORA. Ele me indagou: *"Bibo, como está sua vida de devoção, seu devocional?"*.

Naquele momento, algo se descortinou em minha cabeça e percebi que eu estava usando a Bíblia como um instrumento para um fim, mas sem me abrir para ela, sem abrir o meu coração. Eu a usava para pregar e até mesmo abençoava as pessoas com minhas pregações; gravava os *podcasts* e milhares de pessoas eram abençoadas. Porém, o meu coração estava fechado para as Escrituras. Por quê? Porque descobri que aquela conversa inapropriada talvez fosse a ponta do iceberg. Fui, então, cavando meu coração e minhas emoções até me dar conta dos meus desejos caídos. Tanto James Smith como Agostinho, entre tantos outros, como, por exemplo, James M. Houston, falam que somos movidos e motivados por nossos desejos. Sim, nossos desejos, e não tanto os pensamentos, é que movem a nossa vida.

Voltando à pergunta de Wilson Porte: "Como está a sua vida de devoção, seu devocional?". Ora, estava uma "porcaria". Eu sabia que, no fundo, a Bíblia não estava me afastando do pecado; ela apenas me servia como plataforma para meu ministério. E isso é muito sério e extremamente perigoso. Esse, contudo, não é um problema só meu, pois qualquer pessoa que estuda teologia ou tem um ministério corre o risco de usar Deus, a Bíblia ou a doutrina para enganar as próprias emoções, para produzir um ministério que satisfaça a si mesma e que a faça sentir-se bem; mal sabe ela que, na verdade, está apodrecendo por dentro.

Minha vida devocional era quase inexistente, mesmo estando em contato diariamente com a Bíblia. Na preparação dos *podcasts* eu estudo a Palavra de Deus, consulto comentários bíblicos, bíblias de estudo e livros específicos sobre o tema. Gravo com pessoas incríveis e publico um programa realmente edificante. Tanto que os e-mails que chegavam e ainda chegam são elogios de como aquele *podcast* edificou a vida de quem ouviu. Então, eu simplesmente seguia em frente. Ninguém tropeça em uma montanha! Tropeçamos em

doutrina e devoção

pedrinhas ou em pequenas coisas que vão passando despercebidas. Isso acontecia comigo, mas a pergunta matadora estava lá: "Como está a sua vida de devoção, seu devocional?".

Sou uma pessoa que tem muita dificuldade com disciplinas, roteiros e liturgias. No entanto, é incrível perceber que é justamente sobre isso que Deus tem ministrado ao meu coração nesses últimos quatro anos. Tenho entendido que não posso ser guiado apenas pela minha vontade ou por aquilo que acho que é "certo", porque o meu coração é enganoso.

Voltei a ler a Bíblia com afinco, mas confesso que não faço isso com aquela *vibe* de ler a Bíblia inteira todo ano.

Não! Eu a leio devagar, inclusive fiquei alguns meses lendo o Evangelho de Lucas. O importante é "comê-la" devagar e "mastigá-la" bastante, na minha opinião. Nessas leituras deparei com este texto:

> *Nem todos que me chamam: "Senhor! Senhor!" entrarão no reino dos céus, mas apenas aqueles que, de fato, fazem a vontade de meu Pai, que está no céu. No dia do juízo, muitos me dirão: 'Senhor! Senhor! Não profetizamos em teu nome, não expulsamos demônios em teu nome e não realizamos muitos milagres em teu nome?' Eu, porém, responderei: "Nunca os conheci. Afastem-se de mim, vocês que desobedecem à lei!"* (Mateus 7.21,22 — NVT).

Segundo alguns comentaristas, "Senhor! Senhor!" é uma expressão de intimidade. Aquela galera que estava chegando na presença do rei achava que tinha intimidade com ele. Esse texto me assombrou por muito tempo, mesmo depois de me sentir completamente perdoado por Deus, por minha esposa e pela equipe ministerial. Caramba! Eu posso chegar à presença de Deus cheio de obras que abençoaram milhares de vidas e, mesmo assim, ir para o inferno. Segundo o texto, as pessoas diziam: "Profetizamos em teu nome". Por certo quem foi alvo da profecia dessas pessoas foi abençoado; comunidades foram abençoadas. Milagres aconteceram e os alcançados por esses milagres foram abençoados. Imagina o possesso ter-se livrado do demônio que o atormentava! Isso porque alguém orou e expulsou o demônio. Perceba que essas pessoas fizeram maravilhas em nome de Deus, mas ironicamente não tinham intimidade com ele. Provavelmente usavam seu ministério e sua autoridade para a promoção de si mesmas. Que surpresa será aquele dia do acerto de contas!

Certa vez, quando fui secretário substituto na igreja que eu frequentava, atendia muitas ligações por dia, e entre uma ligação e outra prestava atenção às conversas dos pastores que iam àquela sala pegar correspondências. Numa ocasião, ouvi o seguinte: "Olha, é tanto tempo na obra de Deus que ando sem tempo para Deus". Aquela frase me marcou muito, mas que pena não tê-la aplicado em minha vida! O teólogo Hans Walter Wolff disse: "O que me espanta na Bíblia não são os textos que leio e não entendo; o que me espanta são os textos que leio, entendo e não levo às últimas consequências em minha vida".

Esse é exatamente o ponto! Corro o risco de fazer a obra de Deus, de ter muita doutrina e, ainda assim, ser deficitário em minha devoção. A razão disso é que a minha devoção não é a Deus, o dono do ministério, mas ao ministério em si, e isso pode ser extremamente problemático e perigoso. Louvo a Deus, que teve misericórdia de mim, porque coisas piores poderiam ter acontecido. Porém, isso não quer dizer que o ocorrido há quatro anos nunca mais volte a acontecer. É preciso ter consciência da própria fraqueza! Além do mais, não adianta reforçar apenas a doutrina se isso não vier acompanhado de devoção. Precisamos dos dois remos para navegar, como alertou Lutero na frase de abertura deste texto.

A vida devocional inclui ler o texto bíblico e, com simplicidade e submissão, abrir o coração ao seu conteúdo. Por vezes, somos tentados a querer entender os pormenores ou

doutrina e devoção

saber quem disse o quê sobre aquilo. Para me livrar disso, já não leio mais em meus momentos devocionais uma Bíblia de estudos, na qual sou sempre atraído pelas notas de rodapé. Prefiro ficar com a versão pura, sem comentários; isso deve ser suficiente na leitura devocional. Logicamente, os comentários bíblicos são úteis, porém o mais importante é destacar o texto "nu" e "cru" indo "nu" a ele. Precisamos nos despir diante do texto! Isso não significa desligar o nosso cérebro ou ler o texto sem questionar, mas, sim, abrir o coração com fé. É a fé que faz com que a Bíblia seja mais que um livro. Mais que um texto, ela é a Palavra do nosso Pai. A partir daí, comecei a entender que preciso me submeter a esse livro. Em breve, você lerá mais sobre isso no texto do pastor Israel Mazzacorati.

Deixo aqui um desafio: independentemente de você ser ou não pastor, professor ou líder de algum ministério, sempre será um sacerdote ou uma sacerdotisa a lidar com a Palavra de Deus. Sim! No ministério em que atua, você precisará entender, estudar e, acima de tudo, submeter-se a essa Palavra. É fundamental entender a Palavra e não instrumentalizá-la; antes, você precisa ser um instrumento dela. Digo isso porque instrumentalizar a Palavra é a nossa tentação; é a tentação de todo cristão usar a Bíblia para um fim que não seja glorificar o nome de Deus ou promover o evangelho do Reino. É preciso lutar contra isso!

Voltando ao texto de Mateus 7, o que mais me causa assombro é o fato de dizerem: "Senhor! Senhor!", que, como já disse, é um sinal de intimidade. Mas Jesus dirá a eles: "Não vos conheço!". Quão triste será esse dia!

Que hoje possamos dizer: "Senhor, seja o meu desejo desejar a tua Palavra e fazer a vontade do Pai"! Creia! A vontade de Deus não é algo obscuro, não precisa ser cavada, porque está disponível nas Escrituras. Ela é o básico, o necessário para a vida e para uma espiritualidade saudável.

A doutrina bíblica para a boa espiritualidade está claramente exposta na Escritura. Porém, vamos nos esquecendo dela e tropeçamos nas coisas mais básicas. Por isso, precisamos ouvir aquela pregação que não tem novidade teológica, mas que nos alimenta e nutre. Isso é importante porque nos faz lembrar daquilo que tendemos a esquecer. Para não esquecermos, precisamos criar uma rotina, criar um hábito que vai gerar virtude em nós. Entenda! O amor não é um sentimento, mas uma prática, um hábito que passa a fazer parte de você, como afirmou James K. Smith em *Você é aquilo que ama*.

Apesar de realizarmos todo esse processo de devoção, ainda vamos falhar. Mas não nos esqueçamos de que temos um Advogado e de que existe perdão para todo aquele que se arrepende — sim, existe a restauração! O importante é entender que "falhei hoje, mas posso não falhar amanhã na força do perdão restaurador". Não devemos permitir o peso na consciência porque falhamos; devemos olhar para a frente e prosseguir em direção ao Calvário, onde, por meio do seu sacrifício, Cristo perdoou nossos pecados.

Não temos uma vontade natural de ler a Bíblia, muito menos de orar ou jejuar. No entanto, devemos exercer essas disciplinas porque sabemos que tendemos para o mau, para o torto. Existe uma canção bem simples e conhecida por todos que têm filhos, que resume bem o que estamos dizendo. Ela diz:

> *Leia a Bíblia e faça a oração, faça oração, faça oração*
> *Leia a Bíblia e faça a oração, se quiser crescer*
> *Se quiser crescer, se quiser crescer*
> *Leia a Bíblia e faça a oração, se quiser crescer*
>
> *Quem não ora e a Bíblia não lê, e a Bíblia não lê, e a Bíblia não lê*
> *Quem não ora e a Bíblia não lê, não irá crescer*
> *Não irá crescer, não irá crescer*
> *Quem não ora e a Bíblia não lê, não irá crescer*

doutrina e devoção

Uma das maravilhas da paternidade é que, através dela, vem o básico. Eu oro com a minha filha todas as noites, sem falhar, quando estou em casa. Faço isso porque preciso ensinar minha filha a orar, a criar o hábito. Contudo, às vezes, não sinto a menor vontade de fazê-lo. Vou porque ela diz: "Papai, me conta uma historinha e vamos fazer a oração". Isso é bom porque todo dia eu volto ao básico com ela. Criança é legal porque é rotina — tem hora para comer, para dormir, para fazer oração etc. Isso é muito bom para pessoas como eu, que não gostam de repetições.

Mas tenho orado a Deus para não me deixar cair no mesmo erro de só fazer algo porque tenho de ser exemplo. Não! Eu preciso desejar isso! Então, oro: "Senhor, que seja o meu anseio mais profundo desejar realmente te amar acima de todas as coisas, com toda a minha mente, meu coração e minhas forças. Espírito Santo, me ajude!".

O Espírito Santo clama em nosso coração: "Aba, Pai", como diz Paulo em Gálatas. Isso é intimidade, é conhecer o Pai e ser conhecido por ele. Esse é o nosso desafio, que é de graça e está disponível, sem necessidade de grande esforço, porém é preciso desejar. É preciso querer, buscar e nos submeter a tal disciplina. Não falo porque pratico, mas porque também preciso ouvir. Compartilhar esse assunto é uma maneira de puxar a minha orelha para voltar ao caminho da disciplina.

Sei que preciso de disciplina. Por quê? Porque o perdão, a reconciliação e a restauração que recebi anos atrás não garantem a vitória diante da tentação de hoje. O que aconteceu há quatro anos não serve como combustível até que Jesus volte ou até eu morrer. A doutrina e a devoção devem acontecer a cada dia, para que eu, paulatinamente, seja transformado de glória em glória. A oração de ontem não garante a proteção contra a tentação de hoje. Diariamente, tenho de clamar: "Livra-nos do mal, não nos deixes cair numa tentação que nos fará abandonar a fé; não nos deixes cair numa provação que nos fará desviar dos teus caminhos". Devemos fazer essa oração a cada dia, lembrando que a oração de ontem, a doutrina de ontem e a devoção de ontem não garantem a vitória na luta contra o pecado de amanhã. Lembre-se: é dia após dia!

capítulo 2

O que seu estudo produz?

ANGELO BAZZO[1]

Acerca de doutrina e devoção, objetos de nossa análise, a primeira coisa que devemos entender é que a doutrina é o elemento que conduz à devoção. Impõe-se, então, a seguinte questão: a que tipo de devoção a doutrina que você abraçou o está conduzindo? É fato que doutrina e devoção nunca estarão desligadas uma da outra; desejamos chamar a atenção aqui para a necessidade de termos uma doutrina que nos conduza a uma devoção correta, ou seja, a Jesus. Apesar de a passagem bíblica a seguir não ser o foco principal dessa pregação, vamos ver o que Paulo diz a Timóteo a respeito de doutrina:

> *Conforme te pedi, quando partia para a Macedônia, permanece em Éfeso para advertires alguns de que não ensinem outra doutrina, nem se ocupem com fábulas ou genealogias intermináveis, pois produzem discussões em vez de favorecer o propósito de Deus, que tem como fundamento a fé.* (1Timóteo 1.3-4 — A21).

----

1 Angelo Bazzo é pastor sênior da Igreja Cristã Convergência e líder do Movimento Convergência (Igreja, Sala de Oração e Base Missionária), ambos em Monte Mor/SP. Faz parte do Ministério Impacto e está ligado ao Four12 (África do Sul), movimento de apoio a igrejas em vários países. É professor do CPP Monte Mor e da Escola Convergência.

doutrina e devoção

"... genealogias intermináveis, pois..." – A conjunção [palavra que liga duas orações] "pois" aponta para uma explicação daquilo que Paulo estava dizendo antes. Para entendermos melhor, "pois" pode ser substituído pela palavra "porque", ou seja, "porque doutrinas produzem discussões em vez de favorecer o propósito de Deus, que tem como fundamento a fé". Então, tenha cuidado, você pode assumir doutrinas que produzem algo que não é o propósito de Deus.

A expressão *propósito de Deus*, citada no versículo acima, faz referência à edificação da obra de Deus, ou seja, à construção daquilo que Deus está fazendo em nossa geração. Paulo, então, aconselha Timóteo a não permitir o ensino de outra doutrina que não seja a doutrina apostólica. A razão disso é que, ao ensinar uma doutrina fora do parâmetro ou do padrão apostólico, produz-se algo que não é a edificação apostólica, que não é a Igreja de Jesus.

Creia! A doutrina que você abraça fundamenta a maneira como você vive, ou seja, o que é tido como verdade bíblica por você ou a maneira como você encara a Bíblia está formando a maneira como você vive. Se você, por exemplo, abraça uma doutrina calvinista, arminiana ou a doutrina que acha que ter uma doutrina é algo errado, tudo isso está moldando a maneira como você se comporta, mesmo que você pense que não. Por isso, Paulo adverte Timóteo a não ensinar outra doutrina, porque esta produzirá algo que não deveria produzir. Então, a doutrina é importante porque molda a maneira como você vive, razão pela qual uma má doutrina pode conduzi-lo a um mau comportamento. Por isso, em Timóteo, Paulo se refere à "sã doutrina", ou doutrina saudável. Se eu quero ter uma vida cristã saudável, preciso de uma doutrina saudável que fundamente meu comportamento e meu estilo de vida — a devoção saudável.

Meu foco aqui, no entanto, não será a doutrina em si, mas a *conexão entre doutrina e devoção*. Minha reflexão tem início nos versículos a seguir:

> *Vocês estudam cuidadosamente as Escrituras, porque pensam que nelas vocês têm a vida eterna. E são as Escrituras que testemunham a meu respeito; contudo, vocês não querem vir a mim para terem vida.* (João 5.39-40 — NVI)

Nessa passagem, Jesus está falando com os judeus religiosos de sua época. Estes estudavam e analisavam cuidadosamente as Escrituras, crendo ter nelas a vida eterna. Um judeu pensar essa "heresia" é interessante porque não há nada na Torá que o leve a pensar isso, a vida está em Deus. Mas o que acontece aqui? Vejamos.

Durante o exílio babilônico, os judeus não tinham templo. O perdão dos pecados era sempre conectado aos sacrifícios feitos no templo, principalmente no *Yom Kippur* (dia do perdão ou o sacrifício anual de perdão dos pecados). Sem acesso a esse sistema sacrificial templário, eles desenvolveram uma espécie de religião diferente daquela exposta no Pentateuco. Essa religião, agora, tinha uma forte conexão com a sinagoga, e não mais com o templo.

Qual é a diferença entre sinagoga e templo? No templo, o centro da atividade é a adoração relacionada ao sacrifício — a adoração e o perdão de pecados. Na sinagoga, o centro da atividade é o ensino da Torá. A sinagoga nasceu no período do exílio babilônico, em que eles se encontravam dispersos e expatriados. É a partir daí que se desenvolvem um pensamento, uma religião, encontrando vida não mais a partir do perdão dos pecados mediante os sacrifícios realizados no templo. Não mais focalizando os sacrifícios e o templo, então eles se esmeram no que têm — a Torá. As Escrituras eram estudadas dia e noite, entendendo que, com isso, encontrariam a vida eterna. Jesus não os recriminou pelo fato de estudarem as Escrituras; o problema era que buscavam vida naquilo que estudavam. Jesus mostra que o conteúdo de seus estudos apontava para aquele que traz vida autêntica — vida

doutrina e devoção

que não pode ser encontrada na Escritura isolada de uma experiência real com Jesus.

Talvez hoje você não caia nesse mesmo erro, mas corre o risco de estudar as Escrituras e aprender sobre doutrina, tendo essa doutrina e a Bíblia como um fim, e não como um meio. Em vez de colocar Jesus nessa equação, sugiro que você coloque o Espírito Santo, que está na terra dando testemunho de Jesus. Você sabia que, no estudo das Escrituras, somos conduzidos a um encontro com o Espírito Santo? Ou você simplesmente está pensando e raciocinando, olhando para as doutrinas sem ter esse encontro? Creia! A Bíblia quer nos conduzir para algo mais profundo, para um encontro com o Deus do livro — esse é o objetivo do nosso estudo. Mergulhar na doutrina é essencial, mas pode matá-lo se você usar isso como um fim, e não como um meio. O cerne do divórcio entre doutrina e devoção tem a ver com a nossa tendência de querer aprender conceitos para poder dominar assuntos e, assim, estar no controle das situações da vida. Mas entenda! A última coisa que Deus quer é que você seja alguém dominador, porque o desejo do Pai é que você seja dominado por ele.

Em outras palavras: a Bíblia não nos chama para um estilo de vida no qual controlamos tudo; ela nos ensina a ser pobres de espírito (Mateus 5.3), ou seja, ao invés de sermos independentes, passamos a ser dependentes. Estudar para aprender e entender é muito bom! Mas a questão permanece: como fica o coração depois de algumas horas de estudo, de leitura sistemática da Bíblia ou de assistir a um seminário teológico? O que realmente aprendemos com isso?

Nosso problema é que queremos conhecer para controlar, quando deveríamos conhecer para depender. No entanto, dizemos: "Agora eu sei, ninguém mais vai me enganar". Dizemos isso sem saber que essa "convicção" é exatamente o caminho para sermos enganados. É necessário que haja uma atitude de estudo que não use como base a árvore do conhecimento do bem e do mal, pois esta leva a um conhecimento que produz independência. O que realmente precisamos é de um conhecimento que nos leve a depender mais de Deus.

Excelentes exemplos para explicar como essa temática nos envolve podem ser as seguintes indagações: Saber sobre a doutrina da soberania de Deus leva você a "brigar" com quem acredita em livre-arbítrio, ou a orar porque agora acredita que existe um Deus que tudo controla? Ao aprender sobre esse atributo de Deus, isso o coloca de joelhos, porque você agora sabe que ele está no trono e que nada acontece independente dele? Ora, brigar com quem pensa diferente de nós é desconectar a doutrina da devoção e colocá-la num patamar que faz com que nos sintamos superiores aos outros. Melhor seria, então, que não tivéssemos aprendido nada e que nos conservássemos humildes. Se o conhecimento faz "inchar" com arrogância, é porque, certamente, estamos indo em direção contrária ao ensino da Palavra de Deus.

Outras indagações à guisa de exemplo: a doutrina da segurança da salvação provoca uma discussão com quem pensa que a salvação pode ser perdida, ou conduz a uma vida pacífica e livre ansiedade, porque sabemos que estamos seguros nos braços do Pai? Como aplicamos a doutrina da segurança da salvação em nosso viver? Você se sente envolto nos braços de amor do Pai? Ou se sente arrogante em relação aos irmãos que creem que podem perder a salvação?

Entenda! A doutrina conduz à devoção, porém uma doutrina espúria leva a um comportamento errado. Por outro lado, mesmo mantendo a sã doutrina, você pode ser conduzido a um proceder errado, caso seu coração não administre corretamente a experiência do conhecimento. A má administração do conhecimento é quando você permite que ele venha "inchar" sua alma com arrogância em relação aos irmãos no corpo de Cristo, em vez de deixar sua alma quebrantar-se em adoração diante de Cristo. No Brasil, enfrentamos esse

doutrina e devoção

dilema. De um lado, existem pessoas que não conhecem a Bíblia e, de outro, pessoas que dizem conhecê-la e, por isso, acham-se melhores que as outras.

De que maneira posso administrar essa situação, em que, mesmo encontrando a doutrina correta, sou conduzido à devoção, e não à arrogância? Obviamente pela obra do Espírito. Quero, entretanto, dar a você algumas ferramentas que uso em minha vida esperando que lhe sejam úteis como são para mim:

1º. Devo fazer do estudo bíblico um material de diálogo com Deus, e não apenas uma reflexão com os meus botões. Tenho de falar com Deus sobre aquilo que estou aprendendo — um versículo, um comentário bíblico. Posso repetir para ele e perguntar-lhe o que acha sobre aquilo. Se leio o Evangelho, posso conversar com ele e perguntar-lhe: Jesus, como você se sentiu naquele momento? Se a doutrina não for matéria-prima para esse diálogo, não me conduzirá à devoção, mas, sim, ao "inchaço". A doutrina precisa ser o fundamento (matéria-prima) para o meu diálogo com Deus.

2º. Nesse processo de diálogo com Deus, preciso ir além do raciocínio. Lucas 24 fala sobre os discípulos no caminho de Emaús. Quando reconhecem Jesus, eles dizem: "Não nos ardia o coração enquanto ele explicava as Escrituras?". Isso é ter Jesus comunicando a Escritura a nós pelo Espírito. Jonathan Edwards falava que havia um fogo que não apenas iluminava a mente, mas que também aquecia seu coração. Isso significa deixar o coração aquecido, e não apenas o raciocínio iluminado.

3º. A Bíblia tem apenas dois objetivos: fazer você crer e obedecer. Simples assim! Todo versículo ou é uma promessa para você crer ou é um mandamento para você obedecer. Portanto, quando você lê a Bíblia, quais são as implicações práticas dessa leitura? Obedecer a um mandamento que, até então, você não conhecia? Crer em uma promessa das Escrituras, confiando e descansando em Deus em relação ao que está sendo proposto a você?

4º. Fazer três coisas a cada verdade que encontrar: 1) agradecer a Deus por ter revelado (mostrado) a verdade a você; 2) pedir a Deus um espírito de sabedoria e revelação para compreender melhor a verdade, o que ela fala ao seu coração sobre você; 3) tomar a decisão de agir à luz daquilo que você está lendo, seja confiando numa promessa ou obedecendo em um aspecto mais prático, externo. Para essas duas coisas, você precisa pedir: "Deus, envia teu poder sobre mim, porque estou me comprometendo agora a obedecer à tua Palavra. Se o Senhor me der poder para isso, eu me levanto agora para obedecer". Se diariamente abrirmos a Escritura, não para ficarmos "inchados" em relação ao próximo, mas para encontrarmos nela um testemunho, e se pudermos ir a Jesus a fim de estabelecer um diálogo, conversando com ele sobre o que estamos aprendendo, agradecendo por aquilo que ele está nos mostrando, pedindo mais revelação e poder para obedecer, creio que a santificação, a transformação pessoal e a piedade se tornarão cada vez mais reais em nossas vidas.

5º. De acordo com Alister McGrath, entre a doutrina e a obediência, encontra-se a espiritualidade (ou teologia espiritual). Em outras palavras, entre a verdade que você aprende e a verdade à qual obedece, existe a verdade pela qual você ora. Nunca conseguirei passar da leitura diretamente para a obediência, ou seja, de um versículo que leio para a minha obediência a ele. Para isso, existe a ponte da espiritualidade; a ponte entre a leitura e o aprendizado da doutrina. É nessa ponte que converso com Deus e oro sobre o que estou aprendendo. Porque você nunca sairá de um mandamento de santidade diretamente para a ação da santidade; antes, é preciso internalizar essa verdade em suas afeições por meio da oração, da meditação e do jejum.

Quero convidar você a praticar isso! Que Deus nos ajude a ser uma geração que não olha para as Escrituras como um fim em si mesma, mas como um meio para encontrarmos Jesus!

capítulo 3

Apolo, um homem de coração fervoroso

IGOR MIGUEL[1]

Vamos falar de um momento importante na história da Igreja, momento estrategicamente providenciado por Deus, para o avanço do evangelho e o testemunho apostólico de Cristo na Europa, mais especificamente o testemunho de Jesus chegando ao Ocidente. O fato de estarmos aqui hoje é fruto do que vamos ler no texto a seguir, o qual é parte do enredo germinal do que Deus estava fazendo com a sua Igreja para viabilizar o testemunho do evangelho no Ocidente.

> *Certo judeu chamado Apolo chegou a Éfeso. Natural de Alexandria, era um homem eloquente, com grande conhecimento das Escrituras. Ele era instruído no caminho do Senhor e, fervoroso de espírito, falava e ensinava com precisão as coisas concernentes a Jesus, ainda que conhecesse somente o batismo de João. Ele começou a falar corajosamente na sinagoga. Mas, quando Priscila e Áquila*

----

[1] Igor Miguel é teólogo, pedagogo, mestre em Letras (língua hebraica) pela FFLCH/USP e pastor na Igreja Esperança, em Belo Horizonte-MG. Trabalhou por seis anos com crianças e adolescentes vulneráveis, como educador e consultor educacional em projetos sociais. É especialista em educação cognitiva na SERVED, organização internacional que trabalha com educação em contexto de crise, principalmente no Oriente Médio. Autor do livro *A Escola do Messias*, publicado pela Thomas Nelson Brasil.

doutrina e devoção

o ouviram, levaram-no consigo e lhe expuseram com mais precisão o caminho de Deus. Querendo ele passar à Acaia, os irmãos o animaram e escreveram aos discípulos que o recebessem. Quando ali chegou, auxiliou muito os que, pela graça, haviam crido, pois com grande poder refutava publicamente os judeus, demonstrando pelas Escrituras que Jesus era o Cristo (Atos 18.24-28 — A21).

Nos versículos anteriores a esse texto (Atos 18.18-23), temos um interlúdio, em que Paulo está encerrando sua segunda viagem missionária e indo a Cesareia e Jerusalém para entregar o relatório dessa sua segunda incursão. Paulo está planejando sua terceira viagem missionária, quando, então, passará pelas muitas igrejas já plantadas para encorajar e edificar os santos. Deus, nesse ínterim, está providenciando um teólogo público, um pastor para a igreja de Corinto. Isso mostra que Deus tem competência para governar, cultivar, edificar e sustentar sua Igreja, apesar de nós. Isso é de Deus, é obra de Deus, ou seja, a missão é de Deus. Paulo, então, desce para a Antioquia. Sabemos, pela história de Atos, que essa igreja era o posto avançado desse grande movimento divino em direção à glorificação do seu próprio nome em Jesus.

Atos 1.8 é uma promessa de Jesus para os discípulos: *"receberão poder quando o Espírito Santo descer sobre vocês, e serão minhas testemunhas em Jerusalém, em toda a Judeia e Samaria, e até os confins da terra"*. O testemunho de Deus nas nações, o testemunho do evangelho aos povos, é basicamente o cumprimento final, derradeiro e definitivo daquilo que Deus havia prometido a Abraão, ou seja, por meio da semente de Abraão, todas as famílias da terra seriam abençoadas.

Em Gálatas, Paulo diz que a semente de Abraão é o próprio Cristo, através de quem Deus abençoaria todas as famílias da terra. É certo dizer, então, que a missão apostólica da Igreja é movida por essa promessa, por esse compromisso e por esse pacto de Deus com Abraão. Sim, Deus daria testemunho da sua glória entre todos os povos através do descendente de Abraão — o Cristo, o descendente de Abraão, imortal; o Isaque que foi sacrificado, mas ressuscitou. Este é um plano antigo de Deus: tornar seu nome conhecido e proclamado entre as nações. Tudo isso está de acordo com os profetas, com as alianças feitas e firmadas pelo próprio Deus no Antigo Testamento.

Voltando ao que dizíamos anteriormente, de acordo com Atos 18.24-28, surge um judeu alexandrino de nome Apolo. É provável que seu nome seja uma abreviação de "Apolinário". Ele chega a Éfeso, uma das cidades mais importantes da Ásia Menor, capital da província romana que abrigava uma das grandes maravilhas do mundo antigo: o Templo de Ártemis ou Diana dos Efésios, o qual era um grande centro de aglomeração turística religiosa, de apreciação e devoção. Ártemis era uma divindade que exigia de seus adoradores os mais fervorosos votos voluntários de castidade. As mulheres que se devotavam a Diana optavam por viver virgens até o final de suas vidas, enquanto os homens se emasculavam (castravam-se) em rituais pagãos diante da sua imagem. O templo era mesmo um lugar de muita efervescência religiosa e falsa devoção. E é nesse contexto que aparece Apolo.

Quem é Apolo? Interessante que Lucas, autor de Atos dos Apóstolos, faz questão de destacar que ele era alexandrino. Por que razão? Porque Alexandria, desde o mundo antigo, é uma cidade respeitadíssima, fundada por Alexandre, o Grande, e de grande influência grega. Nela é que ficava a famosa "Biblioteca de Alexandria", um dos grandes centros intelectuais do mundo antigo. E temos aqui um judeu que crê em Jesus, ainda que de maneira incompleta, profundamente educado e bem-formado.

Destaco agora o encontro que ocorreu entre Paulo e Apolo por causa de algumas qualificações que Lucas considerou essenciais para um pastor que está plantando igrejas, anunciando o evangelho e seguindo o movimento do Espírito para levar a

doutrina e devoção

boa-nova às nações. Levanto aqui um desafio a todo aquele que está envolvido com o movimento apostólico da Igreja no mundo. De acordo com Kevin Vanhoozer, em seu livro *Drama da doutrina*, existem dois movimentos do Espírito na Igreja que são preservados no Credo Apostólico: cremos numa Igreja que é católica e cremos numa Igreja que é apostólica. Esses são os dois pilares da Igreja.

1º PILAR: CREMOS NUMA IGREJA QUE É CATÓLICA

Cremos numa Igreja que tem uma identidade comum, católica. Ser católico é ser abrangente, comum a todos, universal e pleno. Ser católico é reconhecer que o evangelho de Jesus independe das particularidades culturais ou das predileções étnicas, ou seja, trata-se de uma mensagem que transcende qualquer particularidade ou tipo de compromisso nacional, porque é abrangente e acolhe todos os tipos de pessoas. Ou seja, o que nos torna UM não são nossas predileções esportivas, ideológicas ou convencionais; o que nos torna UM é o compromisso que temos ao redor de Jesus e do Deus Trino — isso, sim, é o que nos mantém unidos e nos identifica como cristãos no mundo. Portanto, esse é o movimento que faz com que a igreja se sinta unida, conectada, congregada. Vanhoozer classifica esse movimento como movimento centrípeto do Espírito. É centrípeto porque puxa a igreja para o centro, para a identidade que lhe é comum. Esse é um movimento autêntico, que acontece no ato de congregar em igreja, em comunidade, para ouvir a Palavra e o testemunho do evangelho. O ato de congregar é um ato do Espírito, é a identidade da Igreja.

2º PILAR: CREMOS NUMA IGREJA QUE É APOSTÓLICA

O movimento centrípeto não é o único movimento do Espírito. Há também o movimento centrífugo, que empurra a igreja para além de si mesma, que a impulsiona para além da sua localidade, conectando-a com a Igreja global. É o movimento que envia a Igreja em missões no mundo, com o compromisso de tornar Cristo conhecido nas nações. Se, por um lado, a catolicidade nos leva a conhecer Deus, a apostolicidade faz com que ele seja conhecido. Esse movimento nos permite refletir sobre aquilo que contemplamos e anunciar o que conhecemos. Esses dois movimentos (centrípeto e centrífugo) são autênticos e nos levam a entender a tensão entre o pastor e o missionário, a tensão do pastor que deseja congregar e a do missionário que deseja ser enviado. Na verdade, ambos estão respondendo a movimentos distintos do mesmo Espírito — o pastor preocupa-se com o congregar, com a catolicidade; o missionário, por sua vez, preocupa-se com a apostolicidade da igreja.

Paulo está engajado com a frente apostólica da Igreja, porque ele mesmo é um apóstolo. Ele encontra em Apolo um aliado para cooperar com os dois movimentos — o anúncio público de Cristo e a edificação dos santos já alcançados e congregados. Apolo, portanto, é uma peça e um elemento estratégico quanto ao início da plantação das igrejas cristãs no Ocidente. Essa é a razão pela qual Lucas se dedica a listar as interessantes características de Apolo. Para entender, é preciso ver como Lucas vê; ele vê uma demanda missionária e pastoral em determinado local onde Paulo atuou — Acaia e Corinto. Ele vê Deus providenciando alguém para cumprir sua função pastoral, uma vez que Paulo deve dar continuidade ao avanço do testemunho do evangelho no Ocidente. Ele vai até Roma e tem a intenção de ir à Espanha. Paulo é impulsionado pelo movimento apostólico, mas sabe que as igrejas plantadas precisam ser edificadas e cuidadas. Para tanto, as características de Apolo são típicas e necessárias no trabalho da igreja do Senhor.

CARACTERÍSTICAS DE APOLO

Apolo era eloquente (v. 24)
A primeira característica que Lucas detecta em Apolo é a

doutrina e devoção

eloquência. O termo eloquente vem do original grego *logios*, que quer dizer alguém familiarizado com as palavras, que tem boa capacidade comunicativa, que é educado e letrado. Como sabemos, Apolo era de Alexandria, onde havia grandes escolas de retórica e comunicação, e, certamente, ele as frequentou. Isso fez dele um homem eloquente, um homem de *logios*, que sabia manusear as palavras. O que caracteriza a eloquência é a capacidade de tornar coisas complexas em coisas facilmente compreensíveis, a capacidade de usar um vocabulário e um linguajar adequado e apropriado ao público, de comunicar verdades profundas de maneira acessível, sem, contudo, comprometer o conteúdo da mensagem.

Eloquência, a primeira competência de Apolo, é um tipo de humildade, porque exige daquele que fala sensibilidade em relação aos que ouvem. Ele entende e reconhece que nem todos têm o mesmo universo e o mesmo repertório e, por isso, traduz sua mensagem em uma linguagem mais compreensível. João Calvino chamava isso de acomodação da linguagem. Jesus usou essa acomodação da linguagem para conosco. Ele era o *logos* e, para se fazer compreensível, assumiu nossa condição humana, encarnou. De modo semelhante, quem é eloquente deve ter a capacidade de tornar seu discurso encarnado, humano, compreensível, e de estar no mesmo nível dos seus ouvintes.

Nosso chamado é deixar de lado o nosso "evangeliquês" (expressões como "varão de fogo", "está na bênção", "recebe a bênção" etc.), atualmente tão popular, que se tornou um "dialeto", e não uma linguagem de pessoa humilde e interessada na frente apostólica do evangelho. Antes, é uma linguagem hermética, doméstica e de poucos desdobramentos para os que estão ouvindo.

Nós, como cristãos, devemos fazer um exercício envolvendo a pregação, o ensino, a evangelização e a missionalidade da Igreja, de modo a adotar um linguajar claro, humano e acessível ao público. Mais do que nunca, precisamos ser pastores, líderes e missionários públicos. A nossa mensagem reveste-se de uma característica pública, razão pela qual temos de tocar em assuntos públicos numa linguagem comum. Isso é catolicidade, linguagem abrangente, ou seja, levar a mensagem abraâmica até os confins da terra.

Isso exige a habilidade mínima de tornar aquilo que é difícil de entender em uma linguagem simples e compreensível. Eu tive essa experiência quando, por sete anos, trabalhei com comunidades vulneráveis nas favelas de Belo Horizonte. O desafio maior que enfrentei veio nos dois primeiros anos em que trabalhei com crianças, precisando transmitir-lhes coisas complexas num linguajar que pudessem entender. Esse movimento é difícil porque exige a renúncia do orgulho linguístico e intelectual. Para isso, é preciso esvaziar-se, assim como Cristo se esvaziou e assumiu a forma de servo.

Apolo não era simplesmente um homem de retórica afiada, mas um homem que sabia comunicar-se e chamar a atenção das pessoas para Cristo, e não para si mesmo. Sim, porque, quando seu único interesse é usar palavras bonitas ao se comunicar, no final das contas você estará chamando a atenção das pessoas para si mesmo, e não para Cristo. Apolo usava uma linguagem suficientemente clara para que sua audiência se maravilhasse com Jesus, e não com ele. Essa é a diferença entre retórica e eloquência! Apolo tinha retórica, mas sobretudo eloquência, que é a capacidade de comunicar uma verdade de forma clara e compreensível.

Blaise Pascal, grande matemático e filósofo do final do século 17, dizia: "Os homens modernos desprezam a religião, odeiam-na e temem que ela seja verdade". Ou seja, o maior medo do homem secular é que o seu anúncio religioso seja verdade. Para remediar isso, precisamos mostrar-lhe que a religião não é contrária à razão, mas que a respeita. Depois de tornar essa mensagem lógica e compreensível, temos de

doutrina e devoção

torná-la amável e desejável, assim como Cristo o é. Cristo não deve ser simplesmente um argumento irrefutável, mas uma pessoa irrefutável. Ele tem de ser anunciado como um bem para o qual as pessoas olham e se sentem atraídas magnética e irresistivelmente por quem ele é.

É importante deixar clara e racional a nossa mensagem, porém isso não basta. De acordo com Pascal, precisamos também torná-la amável. Para quê? Para fazer com que homens bons tenham a esperança de que ela seja verdade. Cabe a nós provar que ela é, de fato, verdade. Para isso, é preciso saber quem são os nossos ouvintes e conhecer a sua cultura. É preciso conhecer o nosso tempo e entender as pessoas com quem estamos falando. Hoje, encontramos todo o tipo de pessoas no Brasil — pessoas de baixa escolaridade, vulneráveis, funcionalmente analfabetas, com limitações sociais graves, que vivem com medo da violência etc. Mas também podemos encontrar o público da mensagem apostólica do evangelho — uma classe média escolarizada, os céticos, os que duvidam sistematicamente de qualquer coisa, os espiritualistas, os místicos, os esotéricos, os religiosos e os moralistas.

A propósito, o moralismo vem crescendo no Brasil, principalmente em questões políticas e ideológicas. Há um segmento que está reagindo ao liberalismo moral da esquerda, com a hipervalorização de temas morais, como se a moralidade fosse um tipo de salvação.

Os primeiros adversários da missão de Jesus, por exemplo, não eram tanto os revolucionários, mas os moralistas, os fariseus. Sendo assim, não há nada novo debaixo do sol! Todavia, como cristãos, precisamos discernir a geração à qual estamos dirigindo a mensagem do evangelho, lembrando que a eloquência exige um profundo respeito para com os nossos ouvintes.

Lucas reconhece a eloquência como uma característica aliada da missão da Igreja, inclusive destaca essa característica de Apolo porque vê nela um elemento importante. Vivemos uma geração em que a capacidade de comunicação tem sido enfraquecida e, por isso, temos transformado a mensagem do evangelho em uma mensagem superficial, em frases de efeito, estímulos para as pessoas serem bem-sucedidas, eficientes nas suas habilidades e competências. Diante disso, somos desafiados a retornar à capacidade de comunicação como um recurso aliado e fundamental no anúncio do evangelho. Paulo diz em Romanos:

> *Como, pois, invocarão aquele em quem não creram? E como crerão naquele de quem não ouviram falar? E como ouvirão, se não houver quem pregue?* (Romanos 10.14 — NVI).

Então, nós, cristãos, mais do que nunca, precisamos anunciar uma boa-nova claramente comunicável. Recentemente, houve um debate entre estudiosos envolvidos com apologética, a defesa pública da fé, e concluiu-se que mais do que nunca os cristãos têm de mudar o modo como comunicam a verdade. A mensagem é inalterável, mas a maneira como é comunicada precisa ser melhorada. Passamos da época de simplesmente apresentar argumentos irrefutáveis; agora precisamos oferecer às pessoas uma história que faça sentido para elas. O homem pós-moderno não está em busca de argumentos, mas, sim, de uma história que cative o seu coração. Ele está em busca de uma narrativa, e nós temos um livro inteiro de narrativas, um livro recheado de histórias sobre como Deus age, opera, salva e redime.

A propósito, os quatro Evangelhos nem mesmo são livros doutrinários. Eles contam uma história sobre Deus e sobre como ele anda operando no mundo — a meu ver, a melhor forma de integrar mente e coração. Se existe algo que está entre a mente e o coração, entre a lógica e a afeição, são as narrativas. Elas exigem capacidade lógica, mas também

doutrina e devoção

imaginativa. A capacidade de narrar histórias bem contadas dos Evangelhos pode ser a grande aliada no avanço do evangelho em nossos dias, e Apolo era um homem versado nessa capacidade.

Apolo tinha grande conhecimento das Escrituras (v. 24)

A versão Almeida Revista e Atualizada fala que Apolo é poderoso nas Escrituras. No original grego, a palavra "poderoso" é *dynatos*. Ser um bom comunicador, embora fundamental, não é suficiente para a missão da Igreja; é necessário conhecer o conteúdo a ser comunicado, as Escrituras.

O que significa ser poderoso nas Escrituras? Quem conhece um pouco da cultura judaica sabe que os judeus têm uma maneira muito peculiar de ler a Bíblia Sagrada, chamada na tradição judaica de *Midrash* — a capacidade específica de interpretar a Bíblia. O judeu não olha para a Bíblia como um livro linear, mas como um livro em rede, conectado entre as suas partes de forma tridimensional. Por exemplo, se um judeu lê um dos profetas, ele o conecta com a Torá, com Salmos, com Provérbios, e, então, produz uma síntese sobre quem Deus é — aí está o que os judeus chamam de *Midrash*. Jesus usou esse recurso inúmeras vezes; ele tinha a capacidade de recorrer ao Antigo Testamento e à sabedoria da Bíblia Hebraica para adquirir *insights* e dar testemunho da verdade. Paulo também lançou mão desse recurso em suas cartas, como em Hebreus, ao defender o sacerdócio de Jesus.

Ser poderoso nas Escrituras é saber manuseá-las da forma como nos foi dada; é olhar o Antigo Testamento como Escritura cristã. Muitos hoje têm dificuldade de olhar a Bíblia Hebraica como uma Escritura que também lhes pertence. É preciso, no entanto, que o povo da aliança olhe para o Antigo Testamento como um livro de pactos firmados que sustentam a revelação messiânica de Jesus, e não como um livro alegórico, de símbolos e metáforas; é preciso olhar os eventos históricos, os eventos de salvação, que, costurados, preparam o cenário para a revelação do Filho de Deus no mundo.

Através desse olhar, podemos construir argumentos a partir do que está escrito nas Escrituras. Creio que Apolo foi um dos judeus do primeiro século que tiveram a iluminação do evangelho através do olhar para o Antigo Testamento. Como exemplo, podemos citar os discípulos no caminho de Emaús, a quem Jesus explicou as Escrituras, abrindo-se, então, seu entendimento para o fato de que o Cristo morreria e ressuscitaria no terceiro dia. Esse abrir dos olhos, essa desobstrução do olhar para com as Escrituras, tudo isso é um milagre, e esse milagre estava acontecendo na vida de Apolo.

Paulo, referindo-se aos judeus que fazem a leitura contínua da Torá nas sinagogas aos sábados, diz o seguinte:

> *De fato, até o dia de hoje, quando Moisés é lido, um véu cobre os seus corações. Mas, quando alguém se converte ao Senhor, o véu é retirado.* (2Coríntios 3.15-16 — NVI).

De acordo com Paulo, há uma obstrução, uma dificuldade de olhar para a Escritura e discernir o que está escrito nela, porém, após a conversão ao Senhor, o véu é retirado e é possível discernir o seu conteúdo. Apolo é descrito como um homem poderoso na Escritura porque olha para a Escritura de forma desvelada, nua, despida, ou seja, a Escritura está viva diante dele.

Tenho algumas recomendações práticas para aqueles que desejam desenvolver a sua capacidade de manuseio das Escrituras:

1º. Participe de um bom programa de educação bíblica. O cristão precisa superar seu analfabetismo bíblico de uma vez por todas. Eu tinha uma preguiça mortal de ler qualquer

doutrina e devoção

coisa, mas em 1996 tive uma experiência de fé muito concreta num culto pentecostal. Deus me sacudiu e, ao longo da vida, percebi que o primeiro efeito dessa renovação do Espírito em mim foi a paixão pelas Escrituras. A Bíblia, que antes me forçavam a ler e se tornara um fardo insuportável, de repente ganhou cores. Lembro-me de que, aos 17 ou 18 anos, eu entrava em meu quarto para ler a Bíblia lá pelas dez horas da noite e me assustava ao ver o sol nascendo às quatro da manhã. Isso aconteceu algumas vezes na minha adolescência, depois dessa experiência de fé. Porque, na verdade, existe uma relação profunda entre corações aquecidos e uma escritura desvelada diante dos nossos olhos; uma relação espiritual muito rica entre homens e mulheres que tiveram seus olhos desobstruídos ao lerem as Escrituras — a Palavra de Deus se torna viva e eficiente. Lembro-me de que naquela época meu salário era de R$120,00 e, depois de dar o dízimo, eu usava o restante para pagar as parcelas de uma enciclopédia, para ter acesso a bons comentários bíblicos. Deus abençoou e tem abençoado a história da Igreja com grandes mestres das Escrituras, de modo que tem enriquecido o seu corpo com homens e mulheres competentes em sua Palavra.

2º. Não limite a leitura bíblica a uma experiência privada; invista também na leitura comunitária. Essa leitura é histórica, uma vez que os textos estarão conectados a homens e mulheres carregados de dons do passado e do presente, o que o levará a uma leitura mais precisa e profunda da Palavra de Deus.

3º. Crie o hábito de ler e ouvir bons ensinos sobre a Escritura.

4º. Faça leituras sistemáticas, livro por livro, estude-os, anote suas impressões e faça perguntas adequadas ao texto, tais como: quem está falando? Quando está falando? Para quem está falando? De que forma e de que modo? Qual é o propósito desse livro ou dessa carta? Porque, afinal de contas, como Paulo disse a Timóteo, "toda a Escritura é inspirada por Deus e útil para o ensino, para a repreensão, para a correção e para a instrução na justiça, para que o homem de Deus seja apto e plenamente preparado para toda boa obra". (2Timóteo 3.16-17 — NVI). Lembre-se, a Escritura foi escrita por homens, como diz Pedro, movidos pelo Espírito. Ela não é uma obra escrita por elucidação humana particular, mas por pessoas movidas pelo Espírito.

5°. Examine a Escritura. Jesus refutava um exame supérfluo, um exame que não conduzisse a ele, quando disse aos seus perseguidores:

> *Examinais as Escrituras, porque vós cuidais ter nelas a vida eterna, e são elas que de mim testificam* (João 5.39 — ACF).

Jesus não falou para simplesmente ler ou passar o olho pela Escritura; ele falou para examiná-la. Examinar exige tempo, energia, dedicação, disciplina, coração aquecido, perguntas corretas e bons comentários, além de inspiração e motivação.

Apolo era instruído no caminho do Senhor (v. 25)

De acordo com os critérios da missão apostólica da igreja, era necessário que Apolo fosse, além de eloquente e poderoso nas Escrituras, um homem instruído no caminho do Senhor. O termo grego é *katechemenos*, que lembra catequese, catecumenato, catecúmenos. Apolo, portanto, era um homem instruído, ensinado, formado em algo muito específico no evangelho. Para Lucas e Paulo, Apolo apresentava características compostas que possibilitavam determinado serviço da Igreja; Apolo não era simplesmente um homem que sabia comunicar-se com eloquência ou alguém bom de Bíblia; ele era um homem instruído no caminho do Senhor. Assim, ele tinha de ser bom no evangelho e entender a revelação de Deus em Jesus Cristo para servir.

doutrina e devoção

Ora, não basta ter familiaridade com as Escrituras; é fundamental que ela seja compreendida a serviço de algo. É como costumo dizer aos meus amigos intelectuais da palavra de Deus e versados em teologia: para o cristão, a teologia envolve um profundo e sistemático conhecimento da Palavra de Deus, mas a serviço de algo muito específico, e não a serviço do desempenho intelectual ou acadêmico. Antes, a teologia está a serviço da glorificação e do conhecimento de Deus. A teologia só me interessa na medida em que torna meu coração mais apegado à realidade de Deus em Jesus Cristo. A teologia tem de estar a serviço da boa-nova, a serviço de quem Deus é. Por isso temos de ser instruídos no caminho do evangelho.

O que é o caminho do evangelho? Sabemos que os cristãos da antiguidade eram chamados "os do caminho". O que é o evangelho? Falar do evangelho é um universo, por isso pense nele como um diamante multifacetado. Podemos eleger uma de suas faces e explorá-la por um dia inteiro, mas, assim como o diamante, o evangelho tem múltiplas faces, múltiplas perspectivas da boa-nova.

Evangelho quer dizer boa notícia. Ele é diferente de um jornal que fala de coisas que já aconteceram, de fatos e eventos que já se concretizaram. Meu temor é que confundamos o evangelho com metodologia, o mesmo que anunciar para as pessoas o que devem fazer, e não o que Deus fez. Sim, o evangelho diz respeito ao que Deus anda fazendo e realizando pelo mundo. No entanto, as pessoas chegam ao evangelho como se fosse uma lista de tarefas a serem realizadas e cumpridas. Não! O evangelho é uma boa notícia, e a boa notícia é que Deus se deu em Jesus, que Jesus realizou uma obra definitiva, reconciliando homens alienados de Deus e de si mesmos com quem Deus é. A boa-nova é que Jesus é o Messias prometido nas Escrituras, o ungido, o *Hamashia*, o rei, o sacerdote, o profeta, e em sua pessoa e obra foi satisfeita toda a necessidade do governo humano.

Pense, por exemplo, na crise política que temos enfrentado atualmente. O que está no coração dos homens? A necessidade de um governo sobre eles. As pessoas anseiam por um país melhor, por uma vida pública melhor, por segurança, saúde e estabilidade financeira, porque, na verdade, anseiam pelo Reino de Deus. Porém, elas projetam essas expectativas do Reino em líderes e governos temporais, em utopias políticas. Mas Jesus é aquele que cumpre todas as demandas e necessidades do coração que anseia por governo. A boa notícia é que, para nos salvar e nos aproximar de quem Deus é, o próprio Deus cumpriu em Cristo todas as exigências pactuais que ele firmou com os israelitas.

O evangelho revela que, se Deus não se voltar para os homens com o fim de salvá-los, os homens não podem fazê-lo. O evangelho não é autoajuda — aliás, esse termo tem problemas até com a língua portuguesa, pois, se é autoajuda, não é ajuda. A salvação exige uma ação externa àquele que está necessitando ser salvo. A salvação está sempre fora de nós, e, por isso, se chama salvação. Salvação implica a impotência daquele que precisa ser salvo, mas também a potência que vem de fora em sua direção, com o fim de resgatá-lo. Não há nenhuma obra humana que possa fazer com que nos aproximemos de Deus; somente ele por sua graça pode tornar isso possível.

A salvação exige, inevitavelmente, renunciar ao orgulho. Imagine, por exemplo, que você está se afogando e Deus está vindo em sua direção para salvá-lo. Você entende que não consegue sair daquela situação e, por isso, deixa de lado o orgulho e aceita a ajuda. Isso significa que, para que possamos ser salvos, precisamos de uma fé profunda, plena, íntegra, de abraçar Jesus e a obra de Deus em Jesus por inteiro. Fé é isto: uma adesão e uma confiança inteira, integral, total, holística, sobre quem Deus é e sobre como está nos salvando. Fé é dizer que o Deus que age é suficiente, que a obra de Jesus

doutrina e devoção

é suficiente para me salvar. Fé é saber o que o evangelho é; é saber o que a boa-nova significa em sua maneira mais radical, profunda e suficiente, a forma como nos foi apresentada pelo evangelho. Isso é ser instruído no caminho do Senhor.

Apolo era fervoroso no espírito (v. 25)

A última característica de Apolo que chama a atenção de Lucas é que ele era fervoroso no espírito. Curiosamente, esse termo no original grego tem o sentido de borbulhar no espírito. Apolo era um homem cujo coração estava ebulindo (fervendo) da graça de Deus, ou seja, ele era fervoroso de espírito, ele tinha fogo. Veja nas passagens seguintes o que Deus promete fazer com o nosso coração:

> *Porque esta é a aliança que firmarei com a casa de Israel, depois daqueles dias, diz o SENHOR: Na mente, lhes imprimirei as minhas leis, também no coração lhas inscreverei; eu serei o seu Deus, e eles serão o meu povo* (Jeremias 31.33 — ARA).

> *O SENHOR, teu Deus, circuncidará o teu coração e o coração de tua descendência, para amares o SENHOR, teu Deus, de todo o coração e de toda a tua alma, para que vivas* (Deuteronômio 30.6 — ARA).

> *Dar-vos-ei coração novo e porei dentro de vós espírito novo; tirarei de vós o coração de pedra e vos darei coração de carne* (Ezequiel 36.26 — ARA).

Paulo exorta:

> *No zelo, não sejais remissos; sede fervorosos de espírito, servindo ao Senhor; regozijai-vos na esperança, sede pacientes na tribulação, na oração, perseverantes* (Romanos 12.11-12 — ARA).

Gosto da tradição dos teólogos do coração no cristianismo antigo. Agostinho de Hipona, João Calvino, Jonathan

Edwards, C. S. Lewis e alguns teólogos e filósofos contemporâneos têm falado e costurado entre si a noção de que as verdades que apreendemos intelectualmente precisam assumir o coração. João Calvino, nas *Institutas*, diz que "a doutrina não pode ser apenas de lábios, mas deve penetrar o coração e chegar aos afetos". Penetrar o coração e chegar aos afetos por uma razão: quando estamos diante de um dilema moral e escolhemos fazer a vontade de Deus, em última instância é a nossa própria vontade que determina essa escolha, pois é a Deus que amamos e é por ele que nosso coração está cativo.

Nós, cristãos, não podemos olhar para Deus meramente como um assunto do qual alguém abstrai teologicamente. Antes, devemos olhar para Deus e ver quão desejável ele é; ele está revestido de beleza e formosura, e nosso coração foi capturado pela beleza de quem ele é. Deus nos atrai magnética e irresistivelmente para a sua beleza. Ele é a fonte de toda beleza e seduz o coração humano para a sua beleza. Nossa cultura hoje entende que o ser humano é um ser de desejo, só que ela cativa o coração humano para ídolos temporais, que não dão conta da demanda eterna que habita no homem. Apolo, porém, era um homem fervoroso de espírito.

Segue um trecho extraído do livro *Afeições religiosas*, de Jonathan Edwards:

> *Quanto mais o verdadeiro santo ama a Deus com um amor cheio de graça, mais ele deseja amá-lo e mais se inquieta com a sua falta de amor; quanto mais odeia o pecado, mais deseja odiá-lo e se lamenta por ainda o amar tanto; quanto mais entristece por seus pecados, mais almeja se entristecer por eles; quanto mais tem um coração quebrantado, mais deseja que ele continue sendo quebrantado; quanto mais anseia por Deus e pela sua santidade, mais anseia por ansiar e por render a própria alma em seu anseio por Deus.*

Como não se lembrar de John Wesley, que, ao ouvir um trecho de um sermão de Lutero diz na sua autobiografia que

doutrina e devoção

naquele momento sentiu seu coração estranhamente aquecido? Como não se lembrar de Lutero narrando que viu, no texto grego de Romanos, que o justo viverá pela fé? Ele afirma que, quando entendeu a justiça de Deus em Cristo, era como se os portais do paraíso se abrissem para ele.

Apolo era fervoroso de espírito. Por trás daquele excelente comunicador, poderoso nas Escrituras e instruído no evangelho, havia um coração inflamado por quem Deus é em Jesus Cristo. Obviamente, isso tem desdobramentos práticos. Na vida de Apolo, temos pelo menos quatro desdobramentos:

1. ele ensinava com precisão (v. 25);
2. evangelizava e falava corajosamente da palavra na sinagoga (v. 26);
3. pastoreava, auxiliando muitos que pela graça haviam crido (v. 27).
4. com grande poder, refutava publicamente os judeus, fazia apologética para defender publicamente a fé (v. 28).

Apolo tinha quatro competências ou características (eloquência, poder nas Escrituras, instrução no evangelho e fervor de espírito), e os desdobramentos (ensinava, evangelizava, pastoreava e fazia apologética) eram um efeito imediato dessas competências.

A essa altura, Apolo podia sentir-se tentado a se gloriar, mas ele não via nessas competências a construção de sua identidade. Sua identidade estava em Jesus, no fato de ser ele um filho de Deus. É nisso que consiste a identidade do cristão. As competências de Apolo estavam a serviço da glória de Deus. A prova disso está na passagem a seguir, lembrando que Apolo agora é o grande pastor da igreja de Corinto e que Paulo está escrevendo a essa igreja liderada por ele.

> *Porquanto, havendo entre vós ciúmes e contendas, não é assim que sois carnais e andais segundo o homem? Quando, pois, alguém diz: Eu sou de Paulo, e outro: Eu de Apolo, não é evidente que andais segundo os homens? Quem é Apolo? E quem é Paulo? Servos por meio de quem crestes, e isto conforme o Senhor concedeu a cada um. Eu plantei, Apolo regou; mas o crescimento veio de Deus. De modo que nem o que planta é alguma coisa, nem o que rega, mas Deus, que dá o crescimento. Ora, o que planta e o que rega são um; e cada um receberá o seu galardão, segundo o seu próprio trabalho. Porque de Deus somos cooperadores; lavoura de Deus, edifício de Deus sois vós* (1Coríntios 3.3-9 — ARA).

ORAÇÃO FINAL

Pai, em nome de Jesus, somos gratos pela maneira como o Senhor enriquece a tua Igreja com dons, capacidades e habilidades que envolvem a tua glorificação. Pai, não somos tão privilegiados em termos de competências quanto Apolo, mas na unidade do corpo o Senhor pode dar a alguns habilidade para comunicar, outros para dominar as Escrituras, outros para se instruírem no evangelho, mas a todos, Senhor, dê um coração fervoroso. Assim, o Senhor pode compor uma igreja moderadora, mordoma, despenseira da sua multiforme graça. Oro, Senhor, para que a tua Igreja seja animada por pessoas com coração e espírito fervorosos. Aqueça a tua Igreja e, na medida em que é aquecida, que ela possa transparecer o testemunho do evangelho, da defesa da fé, do cuidado pastoral, da defesa pública de Cristo. Senhor, a nossa oração é que a Igreja seja movida por essas verdades, consciente de que mente e coração se integrem no poder do teu Espírito. Em nome de Jesus, amém!

capítulo 4

Doutrina, devoção e comunidade[1]

RODRIGO BIBO
CACAU MARQUES
IGOR MIGUEL
ANGELO BAZZO

— Muito bem, muito bem, muito bem! Começa mais um BTCast — o de número 322. Eu sou Rodrigo Bibo e "a gente precisa navegar com os dois remos!". **Bibo (B)**

— E eu sou Cacau Marques e "a resposta bíblica à solidão não é a mera companhia, mas a comunhão". **Cacau Marques (C)**

— Eu sou Igor Miguel e "sinto meu coração estranhamente abrasado". **Igor Miguel (I)**

— Eu sou Angelo Bazzo e "acredito que a doutrina é o caminho para a devoção". **Angelo Bazzo (A)**

— Neste BTCast a pauta dessa transmissão é *doutrina e devoção*, somando a isso o conceito de *comunidade*. Como essa ideia partiu um pouco da conversa que tivemos (Cacau, Bazzo

---

[1] *Podcast* gravado ao vivo durante o BTDay Monte Mor em 02 de novembro de 2019 e disponibilizado em bibotalk.com.

doutrina e devoção

e eu) no *background*, gostaria que o Cacau iniciasse falando dentro desse tema "doutrina e devoção", trazendo o papel da comunidade, para, então, começarmos a conversa a partir daí. **(B)**

— Há muito o que falar sobre isso, porque tanto doutrina como devoção passam necessariamente, na fé cristã, pela comunidade, pois não temos uma doutrina que seja nossa. Em Atos, os discípulos permaneciam na doutrina dos apóstolos, que era uma tradição transmitida de uns para os outros. O apóstolo Paulo exemplifica essa transmissão quando escreve aos coríntios a respeito do problema que tinham de comunhão uns com os outros e que se manifestava em divisão na igreja. Ele usa a Ceia para falar sobre unidade, dizendo: "O que eu vos entreguei foi o que recebi". Então, existe uma unidade doutrinária que é um dos aspectos da nossa unidade, mas também existe uma unidade de adoração e devoção. Nós nos reunimos em adoração, e isso é necessário. Nossa unidade tem esses dois aspectos, esses dois ambientes. Somos ensinados por Jesus Cristo, no Sermão do Monte, a ter uma espiritualidade individual — entrar no quarto, fechar a porta, ser visto pelo Pai em secreto e receber a recompensa. Esse aspecto individual da devoção reveste-se de relevância, mas também é importante o aspecto comunitário. O individual garante a autenticidade de nossa devoção, enquanto o comunitário assegura sua fidelidade. O que acontece quando você tem apenas a devoção individual, solitária? Não saberá diferenciar o Deus real do deus que você criou em sua mente, porque não está ao lado da disciplina comunitária, junto com os irmãos que vão dizer: "Amigo, você está interpretando a Bíblia sozinho e, por isso, está saindo fora". Sozinho, você não vai ter a correção da doutrina. Por outro lado, se você tem apenas a devoção comunitária, não conseguirá distinguir entre o olhar do Deus real e o olhar do irmão, ou seja, o olhar do irmão se torna o seu deus, como era o caso dos fariseus hipócritas. Então, se quiser uma adoração genuína, você precisa da devoção particular; se quiser uma devoção fiel, você precisa da devoção comunitária. Você precisa de ambas. **(C)**

— Maravilhoso! E é interessante quando Jesus disse: "Mas, ao orar, entre no seu quarto e, fechada a porta, ore ao seu Pai, que está em secreto. E o seu Pai, que vê em secreto, lhe dará a recompensa" (Mateus 6.6). De acordo com o que li uma vez, esse quarto pode ser traduzido como despensa, ou seja, um lugar na casa com chave. Não sei se isso procede, mas há uma ênfase na descrição. É interessante ver essa orientação de Jesus sobre o lugar secreto de oração individual, mas, quando ele ensina os discípulos a orar, o Pai é "nosso". Isso significa que não se pode separar a espiritualidade individual da espiritualidade comunitária. **(B)**

— Não há como dissociarmos ou desconectarmos uma relação privada com Deus da relação comunitária. **(I)**

— Há outro desvio da espiritualidade em comunidade a que damos o nome de "espiritualidade circense" (termo muito usado em nossos *podcasts*) ou espiritualidade do fariseu. Essa espiritualidade é de um tipo performático, público, mas, ao mesmo tempo, individualizado, porque fala de si para si mesma. Exemplo: a parábola do fariseu e do publicano em Lucas 18.9-17. **(B)**

— Sobre a relação entre doutrina, devoção e comunidade, vem em nossa mente: "Preciso equilibrar doutrina e devoção". Mas uma das piores coisas é tentar estabelecer esse equilíbrio de forma individual, pois penso que meu equilíbrio está na comunidade. Uma vez que faço parte de uma comunidade, ela me equilibra. É possível que, na comunidade (na

doutrina e devoção

experiência comunitária), tenhamos pessoas mais voltadas à doutrina e outras mais voltadas à devoção, porém, quando há um diálogo entre elas, você consegue harmonizar a experiência. Então, penso que doutrina e devoção não foram pensadas como uma coisa individual, uma vez que a doutrina é dos apóstolos, e o Pai é nosso. Permita-me expor um pensamento que, ainda que não esteja nas Escrituras, pode ser consensual — o conceito de "indivíduo" é posterior à Bíblia. Creio que, na Bíblia, o individual é colocado como pessoa, mas pessoa e indivíduo não são necessariamente a mesma coisa, porque, quando usamos a palavra *indivíduo*, evocamos todo um conceito de universo particular. Agora, quando falamos em pessoa, temos em vista *persona* (personagem), e um personagem só tem sentido dentro de uma história ou de um drama social, como diz o Igor. Então, a espiritualidade nunca é individual, ainda que seja pessoal. Ou seja, como pessoa, experimento minha espiritualidade sozinho; sozinho, mas não individualmente. A espiritualidade é solitária para que eu tenha elementos de identidade que compõem o todo. É nesse sentido que penso que só tenho espiritualidade sozinho com o fim de formar uma espiritualidade comunitária. **(A)**

— Quero levantar uma provocação histórica. Lembrei-me de Philipp Jakob Spener, teólogo alemão que está reagindo a certo formalismo doutrinário. Spener reage ao racionalismo árido, típico desse período. E nós temos uma reação importante, pois não podemos desprezar o pietismo dos morávios, que depois se tornou o pietismo de Wesley e de Whitfield; é importante lembrar que temos aí um pietista calvinista. Temos de reconhecer que há um movimento, de fato, colocando o pêndulo da Reforma no sentido da devoção pessoal. Entretanto, sabemos sobre os desdobramentos desse pietismo na sua forma mais radical de tentar atomizar a experiência de devoção, no sentido de que cada indivíduo é um átomo que se relaciona com Deus, e não numa comunidade, e, então, as pessoas transformam a experiência cristã em uma experiência privada. **(I)**

— Eu resumiria isso com a seguinte frase: "Ah, o culto é individual!" **(B)**

— Tem outra frase ainda do que, quando estamos na adoração, o ministro de louvor diz: "Feche os seus olhos e esqueça quem está do seu lado" Como assim, esquecer quem está do seu lado? A adoração é comunitária, eu estou adorando como corpo, com meus irmãos; não tem como esquecer quem está do meu lado. O problema retratado nesse exemplo é que tratamos a individualidade descontextualizada de uma rede de relações. **(I)**

— Isso é individualismo. Individualidade é idiossincrasia [particularidade comportamental de um indivíduo ou de um grupo]. **(B)**

— E o próprio conceito que se origina num mundo pós-bíblico. **(A)**

— É o Iluminismo. A marca da modernidade é Descartes, solitário em sua casa fazendo uma autoavaliação, uma autorreflexão filosófica, um discurso do método, chegando à seguinte conclusão: "Penso, logo existo!". É um empreendimento totalmente individualista — a marca da modernidade. E nós fazemos muitos cultos extravagantes, produtos modernos no sentido iluminista do termo, que servem de experiência religiosa privada para o consumo individualista. **(I)**

— Ou seja, eu adoro sozinho, logo existo! **(B)**
— Sem reflexão comunitária. **(I)**

doutrina e devoção

— É uma cooperativa individualista, várias pessoas no mesmo lugar adorando sozinhas. **(A)**

— Mega "desigrejas". **(B)**

— Atomização, cultura de massa. Isso não é cristianismo. **(I)**

— Tá! Mas como se vence isso? **(B)**

— Quero falar da consequência do pietismo. Ele produziu uma espécie de baixo compromisso comunitário na Igreja, de baixo compromisso público, inclusive na missão da Igreja — produziu um empobrecimento justamente da devoção. A ironia é que a devoção foi empobrecida com essa atomização, porque a nossa devoção tem de ser teologicamente orientada, o coração é facilmente cativado por falsas afeições. Se nos voltarmos para Agostinho, quando falava da ordem do amor, o *ordo amoris*, encontraremos a noção de que o nosso coração foi feito para Deus. Ora, se foi feito para Deus, mas podemos ser facilmente cativos por improvisos, então precisamos de uma orientação teológica das afeições, a qual deve ser teologicamente educada e orientada. Daí a importância da doutrina. **(I)**

— Gostaria que você repetisse o que falou em sua palestra sobre a questão do pecado. **(B)**

— A nossa identidade é ser imagem de Deus, mas sempre pensamos: "Ah, eu sou imagem de Deus porque existe em mim...". Não! É imagem de Deus porque existe e depende de uma relação. Isso não é algo atomizado, pois depende, prioritariamente, de uma relação com quem Deus é. E, na medida em que me relaciono com ele, sou instado a me relacionar com o próximo, projetando nele essa imagem. Por isso ela é ativa e passiva. Passiva, porque recebo e conheço quem Deus é; ativa, porque começo a refletir quem Deus é. O problema do pecado é que ele muda o ângulo do espelho e nós não temos mais a fonte que sacia essa demanda. Então, o que vamos refletir na vida, na sociedade, na comunidade? Vamos refletir nossos ídolos, os alimentos improvisados que comemos. Não refletimos mais quem Deus é, mas, sim, as nossas demandas, os nossos desejos. Tentamos procurar no outro uma maneira de saciar essas demandas internas, todos os nossos problemas sociais. Todos os nossos problemas relacionais são decorrentes de uma demanda não saciada na nossa relação com Deus e, por isso, tentamos encontrá-la no outro. Só que sabotamos a relação com o outro; manipulamos, somos egoístas e ficamos enciumados, todos problemas relacionais. **(I)**

— Na verdade, não é uma relação de fato. Agora, quando lemos em Gênesis: "Façamos o homem à nossa imagem e semelhança", devemos notar que ele não está falando "façamos o indivíduo à nossa imagem e semelhança". **(A)**

— Adam. Humanidade. **(I)**

— Humanidade. Então, acredito que a própria experiência coletiva da humanidade é a *Imago Dei*, e não simplesmente eu sou *Imago Dei*. Não que neguemos a existência desse fator; apenas afirmamos que a imagem tem a ver também com essa experiência coletiva. Como vou refletir o Deus que é nós? Então, existe toda essa dificuldade. Fora isso, existe o fato de o próprio Deus dizer, quando cria o homem: "Não é bom que o homem esteja só". Mas Deus já estava lá! Se Deus acha que ele não é suficiente, no sentido de que "eu criei você de uma maneira que somente sua relação comigo não basta; você precisa de outro semelhante a você [...]". **(A)**

doutrina e devoção

— Que igualmente reflete quem Deus é. **(I)**

— Exatamente! E você cria uma comunidade de pessoas que refletem a imagem de Deus, essa é a ideia. **(A)**

— Ligada a isso, está a palestra do Igor, em que ele aponta a forma como Jesus Cristo nos reveste dessa glória perdida. Em Colossenses 3, lemos que "nos revestimos segundo a imagem daquele que nos criou". Essa passagem também afirma que "já não há mais judeu, nem grego, nem escravo, nem livre, nem bárbaro, nem cita. Cristo é tudo em todos", falando dessa comunidade que temos em Jesus Cristo. Portanto, essa regeneração de nos revestirmos da glória de Jesus Cristo (que envolve as obras, porque nos despimos do velho homem com as suas obras e nos revestimos do novo homem) pede uma comunidade. **(C)**

— Vamos pensar no fruto do Espírito. O fruto do Espírito só se semeia numa comunidade do Espírito. Se não há uma comunidade espiritual, então não se semeia. Por exemplo: Como você pode demonstrar amor se não existe o outro? Você pode argumentar: "E a alegria? Eu posso rir sozinho". Mas a Palavra de Deus diz que a alegria só é completa no encontro. Em seus escritos, tanto Paulo como João dizem querer ver o outro para que sua alegria seja completa. A própria Palavra de Deus diz que precisamos rir com os que riem. Existe um riso que só acontece quando se ri com alguém. Então, todos os termos referentes ao fruto do Espírito só se manifestam numa relação. E digo mais: tem coisas que só se manifestam numa relação imperfeita — longanimidade, por exemplo. Sua longanimidade é testada na relação. Então, quem diz: "Não quero mais saber de igreja porque as pessoas são más", tem de demonstrar o fruto do Espírito nessa relação. **(C)**

— Eu ainda estou com a oração do "Pai-Nosso" na cabeça: "perdoa as nossas dívidas, assim como eu perdoo os meus devedores". Essa oração que faço com minha filha me intriga, porque tem um sentido comunitário nela para eu entender — o perdão de Deus, eu o reflito no outro. Isso é extraordinário! Até posso ler isso de maneira literal: "perdoa a minha ofensa como eu perdoo aquele que me ofendeu". **(B)**

— Interessante isso, porque me faz lembrar de Caim e Abel. Depois do evento da Queda (quebra de relação vertical com Deus, com o Criador), o desdobramento imediato foi uma ruptura nas relações horizontais. Então, não temos apenas uma alienação de Deus, como diz Keller, mas também uma alienação social, relacional, decorrente desse primeiro pecado, produzindo uma reação em cadeia. Uma curiosidade em relação a isso pode ser lida na obra *Cruciforme*, de Jimmy Davis. Esse livro fala que a igreja é cruciforme, ou seja, tem a forma de cruz. Por quê? Porque, primeiro, Deus corrige a relação vertical, a nossa alienação dele, nossa inimizade contra ele, que foi, inclusive, a razão de Caim ter matado Abel. Caim não matou seu irmão porque o odiava; matou porque odiava Deus. Então, a inimizade em relação a Deus reflete-se numa inimizade comunitária. Prova disso é o que Paulo fala em Efésios 2, que Jesus desfez a inimizade pela cruz, fazendo de judeus e gentios um só, derrubando a parede de separação entre eles. Podemos concluir, então, que a Igreja é uma comunidade de pessoas mutuamente reconciliadas, porque foram reconciliadas com Deus, com o Criador. **(I)**

— Isso é a família. Em Efésios 2, Paulo fala que Deus manifesta a sua glória no meio da sua família. **(B)**

— Igreja não é um capricho religioso; é um evento, um testemunho público de que os seres humanos podem estar

doutrina e devoção

juntos de novo, porque estão juntos de novo com Deus. E é por isso que a igreja faz sentido. **(I)**

— Isso é forte! Conheci um irmão que foi à África e lá perguntou aos pastores: "Se alguém da sua tribo enriquecesse individualmente e não compartilhasse sua riqueza com a tribo, o que aconteceria com ele?". Os pastores responderam: "Ele seria morto". Por quê? Porque existe um elemento na cultura africana que leva os africanos a pensarem sob essa perspectiva comunitária. Um bom exemplo disso na Bíblia, e que não faz sentido para nós, é o pecado de Acã. Como pode o pecado de um homem afetar a comunidade? Mas Paulo, em sua carta aos coríntios, diz que, se um sofre, todos sofrem. Em 1Coríntios 5, depois de mencionar o pecado de alguém que teve relações sexuais com a mulher de seu pai, ele diz: "E estais cheios de arrogância! Não devíeis, pelo contrário, lamentar e expulsar do vosso meio quem cometeu isso?" (v. 2 — A21). Parece não ter nada a ver. Na minha leitura, na perspectiva atomizada, não faz sentido. Por que eu ou a comunidade devemos nos arrepender? Mas o fato é que isso contamina a todos, apesar de não termos isso em mente. A oração de Daniel (capítulo 9) o mostra se arrependendo pelos pecados da família, dos pais, de Israel. Que sentido tem isso? Como sou parte dessa família e isso me afeta, tenho essa culpa. Ainda que essa não seja a melhor explicação, o fato é que, para a mente atomizada, isso não funciona, mas, para a mente bíblica, ecoa a frase que diz: perdoa os nossos pecados, assim como nós perdoamos os nossos ofensores. **(A)**

— Quando falamos desse tema, obviamente falamos de uma comunidade idealizada. Sempre miramos em Atos 2, na comunidade celestial, no Éden, mas não é isso que temos na igreja hoje. Nela, nós temos perrengues, temos Evódia e Síntique (Filipenses 4). Paulo exortou essas mulheres para que manifestassem um mesmo modo de pensar. Nessa questão, precisamos entender que se manifesta na relação algo com que não estamos muito acostumados, que é a oposição, a negatividade. **(C)**

— Estamos, sim, acostumados a uma sociedade na qual nos afirmamos o tempo todo. Byung-Chul Han, em seu livro *Sociedade do cansaço*, diz que estamos em uma sociedade em que não temos negatividade nem disciplina, mas, sim, *performance*. Então, temos de levar nossa individualidade e positividade ao máximo. Não sofremos resistência e é por isso que estamos estafados, com *Burnout* e uma porção de coisas. Nas redes sociais, isso se potencializa mais ainda, consistindo em uma afirmação da individualidade. Se pensarmos bem, a internet foi feita para nos cercar de coisas que nos agradam. Os algoritmos evitam que você veja coisas que lhe trarão reações negativas, então você lê somente quem interage mais com você. O Spotify todos os dias traz uma música, uma *playlist* de que você vai gostar; a Netflix recomenda coisas com base no que você já viu, vê o seu padrão e o usa para escrever roteiros. Sim, a internet cria ao seu redor um paraíso de isolamento, no qual você pode ficar muito bem sozinho. É o mundo customizado, é o paraíso que você tem. Mas vejam só, é na direção desse paraíso que Deus olha e diz: "Não é bom que o homem esteja só". Por quê? Porque, por pior que seja a sua relação, por mais que você pense que Sartre estava certo em dizer que o inferno são os outros, a Palavra de Deus diz que o outro é a única coisa que saiu com você do paraíso. Então, você só vai manifestar a glória de Deus e a comunhão com Deus na comunhão restaurada com o outro em Jesus Cristo; isso foi o que sobrou do paraíso até agora. **(C)**

— Isso é incrível, porque, na verdade, a nossa demanda pela imagem de Deus fez com que ficássemos tão desorientados

doutrina e devoção

que queremos fazer o mundo à nossa imagem e semelhança. Queremos criar uma realidade que seja cômoda às nossas expectativas quanto ao que deveríamos ou poderíamos ser. Então, o mundo precisa ser muito customizado à minha imagem. **(I)**

— É o narcisismo 2.0. Estar cercado de espelhos por todos os lados, não mais apenas se olhar no lago. **(C)**

capítulo 5

Lectio Divina: hermenêutica e espiritualidade

ISRAEL MAZZACORATI[1]

Então vi outro anjo poderoso, que descia do céu. Ele estava envolto numa nuvem, e havia um arco-íris acima de sua cabeça. Sua face era como o sol, e suas pernas eram como colunas de fogo. E ele segurava um livrinho, que estava aberto em sua mão. Colocou o pé direito sobre o mar e o pé esquerdo sobre a terra, e deu um alto brado, como o rugido de um leão. Quando ele bradou, os sete trovões falaram. Logo que os sete trovões falaram, eu estava prestes a escrever, mas ouvi uma voz do céu, que disse: "Sele o que disseram os sete trovões, e não o escreva". Então o anjo que eu tinha visto de pé sobre o mar e sobre a terra levantou a mão direita para o céu e jurou por aquele que vive para todo o sempre, que criou os céus e tudo o que neles há, a terra e tudo o que nela há, e o mar e tudo o que nele há, dizendo: "Não haverá mais demora! Mas, nos dias em que o sétimo anjo estiver para tocar sua trombeta, vai se cumprir o mistério de Deus, da forma como ele o anunciou aos seus servos, os profetas". Depois falou comigo mais uma vez a voz que eu tinha ouvido falar do céu: "Vá, pegue o livro aberto que está na mão do anjo que se encontra de pé sobre o mar e sobre a terra". Assim me aproximei do anjo e lhe pedi que me desse o livrinho. Ele me disse: "Pegue-o e coma-o! Ele será amargo em seu estômago, mas em sua boca será doce como mel". Peguei o livrinho

---

[1] Israel Mazzacorati é doutor em Teologia (Faculdade EST), pastor da Igreja Batista Água Viva, em Vinhedo-SP, produtor e apresentador da Rádio Trans Mundial, professor do Seminário Teológico Servo de Cristo, em São Paulo-SP.

doutrina e devoção

> *da mão do anjo e o comi. Ele me pareceu doce como mel em minha boca; mas, ao comê-lo, senti que o meu estômago ficou amargo. Então me foi dito: "É preciso que você profetize de novo acerca de muitos povos, nações, línguas e reis"* (Apocalipse 10 — NVI).

Minha área de formação é teologia, com enfoque em Bíblia, trabalhando, principalmente, com história e teologia do Novo Testamento, hermenêutica e exegese, além de língua grega. Atualmente, estou trabalhando com uma pesquisa de doutorado que me levou para um caminho um pouco diferente da minha especialidade até o momento. Tenho pesquisado as aproximações entre hermenêutica e espiritualidade, comunicação do evangelho e missão. Portanto, a reflexão que se segue parte de um duplo lugar.

O primeiro é de um apaixonado pelas Escrituras, alguém que se entende como um vocacionado por Deus para trabalhar com educação teológica, o que faço com alegria há 14 anos. Ao longo desses anos, observei tanto em minha trajetória como por meio da observação das aspirações ministeriais de jovens estudantes de teologia, uma tendência preocupante. Eram aspirações ministeriais que estavam mais próximas de idolatria, egocentrismo, narcisismo e do desejo de poder e de dominar o assunto "teologia". Dominando o assunto, dominam a conversa; dominando a conversa, dominam a verdade; dominando a verdade, dominam as pessoas. Esse é, no entanto, um caminho muito perigoso, que nada tem a ver com o que encontramos no evangelho.

O segundo lugar tem a ver com a minha experiência como pastor de uma igreja local e com a convicção de que a reflexão teológica desprovida do relacionamento comunitário e da experiência pastoral é, parafraseando Karl Barth, um combate simulado. É como alguém que se vê e se apresenta como um piloto profissional, mas que nunca se sentou em uma aeronave. Só conhece o simulador. Para mim, isso é uma realidade muito forte que me leva a pensar o que de fato está na base da nossa reflexão teológica e da nossa prática do ensino das Escrituras e da proclamação do evangelho. O que está, de fato, na base? A interpretação, a hermenêutica.

Obviamente, a teologia é uma disciplina do conhecimento humano que lida com pressupostos de fé. Fé e razão estão, ou precisam estar, profundamente ligadas no labor teológico. A teologia é fundamentalmente hermenêutica, ou seja, interpretativa. Seja na academia teológica, seja no ministério pastoral, trabalhamos o tempo todo com a interpretação de textos teológicos e das Escrituras. Trabalhamos com interpretações de situações do cotidiano, das pessoas, dos relacionamentos, ou seja, a interpretação está na base de todo o labor teológico e pastoral. Isso me leva a examinar algumas perguntas e conclusões.

O QUE É A BÍBLIA?

Se existe uma coisa que o professor de hermenêutica gosta, é partir da obviedade. Às vezes gostamos das ideias sofisticadas e de fazer altos voos teológicos e filosóficos, mas é necessário que o óbvio seja um chão firme, um alicerce sólido, uma base consistente que nos permita sempre voltar a ela para que nossos voos tenham marcos, pontos de referência. Sobre a Bíblia, penso que há duas respostas a essa primeira pergunta:

1. A nossa resposta de fé, que é nossa convicção doutrinária, é de que a Bíblia é palavra de Deus. Nela, percebemos o "sopro divino" — *theopneustos*: inspiração —, ou seja, reconhecemos que Deus está se dando a conhecer por meio dos seus feitos registrados na Bíblia. Não é um conhecimento como mera informação, mas um conhecimento para um relacionamento entre nós e ele. A Bíblia não quer simplesmente nos dizer coisas sobre Deus. Ela quer preparar um encontro. Deus se revela porque não quer que nós, seus filhos, permaneçamos

doutrina e devoção

no escuro em relação a quem ele é. Esse entendimento acontece pela nossa convicção de fé no que diz a Bíblia sobre si mesma:

> *Toda a Escritura é inspirada por Deus e útil para o ensino, para a repreensão, para a correção e para a instrução na justiça, para que o homem de Deus seja apto e plenamente preparado para toda boa obra.* (2Timóteo 3.16-17 — NVI).

2. Outra afirmação que podemos fazer sobre o que é a Bíblia diz respeito àquilo que entendemos ser produto da construção humana. Aproximamo-nos da Bíblia de uma perspectiva racional, não tanto da inteligência da fé, mas da inteligência da razão. A Bíblia é um texto. Texto são palavras, frases, perícopes[2] que formam o todo e comunicam uma mensagem. Porque a Bíblia é texto, portanto, tecitura de palavras cujos significados só têm sentido dentro de suas frases e estas dentro de suas perícopes, devemos estudá-la a partir do seu contexto literário.

É com esse contexto que trabalhamos na interpretação. Além do contexto literário, consideramos também o contexto histórico da Escritura. Tudo isso é um exercício racional que leva tempo, dá trabalho e nos faz debruçar cuidadosamente sobre o texto, investigando com o objetivo de chegar à sua mensagem. A partir do simples exercício de ler e compreender um texto, a hermenêutica abre um caminho necessário para diversas áreas da teologia cristã, como as línguas originais e os contextos das Escrituras, que nos levam à pesquisa histórica sobre o Antigo e o Novo Testamento.

....

[2] Perícope é um termo grego que significa "cortar ao redor", ou seja, uma parte destacada de um texto para ser analisada e estudada em separado. É um conjunto de versículos que formam uma unidade ou um pensamento coerente, adequado à leitura pública de um texto, utilizado no estudo das Escrituras Sagradas.

Os diversos períodos tanto do Antigo como do Novo Testamento nos levam a analisar o texto como literatura. É justamente por isso que fizemos duas afirmações acerca de um livro que está distante de nós, tanto no tempo como no espaço. Entre nós e o texto, existe um abismo que precisa ser transposto pelo leitor, exigindo dele o trabalho de interpretação, de hermenêutica.

A partir dessas considerações, podemos afirmar que o nosso entendimento sobre a Bíblia é fruto dessa perspectiva de ser ela a palavra de Deus. Assim, mediante fé e razão, temos na Bíblia o protótipo da mensagem que ela quer comunicar: a reconciliação. Sim, a Bíblia é um protótipo da reconciliação. Pela fé, cremos que Deus se revela a nós por meio de palavras humanas. Num exercício intelectual, captamos como os autores originais a escreveram, planejaram, pensaram artisticamente e elaboraram os seus textos. Eles usaram o seu imaginário. A Bíblia é uma obra-prima de arte poética. Vejamos, por exemplo, o texto maravilhoso do Apocalipse de João — texto literalmente irretocável, perfeito e magnífico. São esses dois caminhos — fé e razão — que nos aproximam das Escrituras. E, quando analisamos a Bíblia, encontramos em sua totalidade, desde Gênesis até o Apocalipse, a história da reconciliação.

No capítulo 1 de Gênesis, lemos que Deus criou os céus e a terra. No capítulo 3, descobrimos que o Criador passeava com o humano pelo jardim na virada do dia. Havia comunhão entre os céus e a terra, mas ela foi interrompida por causa do pecado. Os céus representam a realidade divina. A terra é o palco, o cenário da história humana. Céus e terra passaram de uma relação de harmonia para quebra, ruptura, em que o humano tem em si apenas uma memória distante, disforme e inconsciente de que um dia houve harmonia entre céus e terra. Não é a religião um indicador do resquício dessa memória? Ela consiste na tentativa do ser humano de voltar

doutrina e devoção

a ter o que tinha pelos seus próprios caminhos, por via do seu próprio pecado, idolatria e ego. No fundo do seu ser, no inconsciente, há um desejo genuíno de que céus e terra voltem a conversar, a ter harmonia novamente.

Isso é tão fantástico que, no capítulo 28 de Gênesis, encontramos um sujeito vivendo em meio ao caos, fugindo de casa desesperado, porque havia traído seu irmão e a confiança da família, ao roubar um direito que não lhe pertencia. Jacó foge para proteger sua vida, mas, no meio da jornada, ele tem um sonho. Os céus e a terra estão conectados por uma escada na qual ele vê anjos subindo e descendo. Tudo isso está invisível aos nossos olhos, mas é certo que Deus está trabalhando para unir céus e terra. Em João 1.51, Jesus diz: *"vocês verão o céu aberto e os anjos de Deus subindo e descendo sobre o Filho do homem"* (NVI). Jesus é a escada de Jacó, aquele que reconecta céus e terra. O protótipo sempre foi o da reconciliação e essa é a base de tudo. A Bíblia é como a palavra que se fez "carne", ou seja, veio do Pai em forma humana — língua e linguagem —, assim como o Filho de Deus. Ela é divina e ao mesmo tempo humana, significando que a sua existência é a reconciliação já anunciada não apenas na sua mensagem, mas também naquilo que ela é propriamente dita.

Cabe aqui outra consideração: se podemos nos aproximar da Bíblia por meio da fé e da razão, é importante entendermos o seguinte princípio: ambas nem podem estar separadas nem em concorrência uma com a outra. Fé e razão não são acessos diferentes, mas simultâneos, uma vez que as duas estão reconciliadas em Cristo. Paulo diz em Efésios 1.9,10:

> *E nos revelou o mistério da sua vontade, de acordo com o seu bom propósito que ele estabeleceu em Cristo, isto é, de fazer convergir em Cristo todas as coisas, celestiais ou terrenas, na dispensação da plenitude dos tempos* (Efésios 1.9,10 — NVI).

Isso significa, entre outras coisas, que em Cristo a fé e a razão, céus e terra, passado e futuro, não estão separados, mas, sim, reconciliados; e é assim que partimos para a nossa visão da Bíblia.

A fé nos permite perceber a Bíblia de três maneiras:

1. A fé nos leva a ver na Bíblia mais do que um simples texto. Como diz o famoso verso de Adélia Prado: "Às vezes Deus me tira a poesia. Olho uma pedra e só vejo uma pedra mesmo". Mas é claro que Deus não quer nos "tirar a poesia". Ele quer que vejamos além do que os nossos olhos humanos são capazes de ver. Assim, podemos olhar para o mundo e ver a desolação e a morte, mas, com os olhos da fé, vemos também a terra cheia da glória de Deus. Isso não é alienação, mas a abertura da vida para a realidade profunda do universo de Deus. Ele nos deu a fé para que possamos enxergar algo além do texto. É olhar para a pedra e ver algo além dela.
2. A fé nos possibilita encontrar na Bíblia a salvação e a esperança. Não se trata de uma história qualquer. Pelos olhos da fé, a Bíblia deixa de ser um texto obscuro, e de estar sujeita à nossa investigação exclusivamente pelas vias racionais, para ir além disso. Ela nos faz repetir, por meio de suas histórias, as palavras que Simão Pedro disse a Jesus: "Senhor, para quem iremos? Tu tens as palavras de vida eterna" (João 6.68 — NVI). Em outras palavras, "Não tenho para onde ir, não tenho escapatória nem alternativa; eu só tenho a salvação e a esperança em ti".
3. A fé traduz-se em fidelidade e em obediência àquilo que encontramos nas Escrituras. Podemos conhecer as Escrituras do ponto de vista histórico, geográfico, arqueológico etc., porém é a fé que vai traduzir esse conhecimento em fidelidade e obediência; somente pela

doutrina e devoção

fé é possível isso acontecer. Como dissemos, a Bíblia é o texto que prepara um encontro entre Deus e o seu povo. Ela é interpelação; exige resposta e compromisso.

A razão nos permite ler a Bíblia de três maneiras:

1. A razão possibilita o entendimento das palavras, das frases e perícopes; possibilita fazermos a investigação filológica, analisarmos as palavras, realizarmos o trabalho exegético (compreendendo as palavras nos seus contextos literário e histórico).
2. A razão nos permite analisar os contextos da Bíblia e ser críticos em relação às interpretações falhas. É por um processo racional que determinamos os caminhos pelos quais interpretamos as Escrituras, ou seja, que criamos os nossos próprios métodos, e isso nos torna capazes de fazer uma leitura crítica diante de uma interpretação equivocada do texto bíblico em questão.
3. A razão possibilita o confronto de nossas ideias pelas Escrituras e, a partir disso, o surgimento em nós de uma nova ideia. É mais ou menos o que Lutero dizia: "Em todo processo de leitura da Bíblia, acontece um encontro entre dois espíritos: o espírito da Escritura e o espírito do intérprete. E, quando isso acontece, é o espírito da Escritura que tem de vencer. Isso significa que o espírito do intérprete deve curvar-se diante do espírito da Escritura".

Portanto, é o processo racional que nos possibilita identificar quais são nossas ideias pessoais e quais são as novas ideias sugeridas a nós pelas Escrituras. Sendo assim, transformamos nossa mente e nossa maneira de pensar para submetê-las à perfeita, boa e agradável vontade de Deus. Tanto a hermenêutica como a exegese têm-se concentrado muito mais nesse aspecto racional que a Bíblia exige dos seus leitores. Isso não é um erro! É claro que, como professores e estudantes de hermenêutica bíblica, devemos conhecer tudo o que há de mais moderno, de pesquisas mais atualizadas, inclusive aquelas que divergem das nossas leituras e linhas de interpretação, para que haja sempre esse diálogo vivo, aberto, que nos leva a progredir nessa área do conhecimento humano. Não, isso não é errado, mas é limitador quando tomamos a hermenêutica e a interpretação da Bíblia apenas como um exercício racional.

O QUE É A HERMENÊUTICA?

Hermenêutica significa interpretação. Alguns manuais falam de exegese e hermenêutica, tentando estabelecer uma distinção entre ambas, mas, na verdade, tudo significa interpretação. Hermenêutica pode vir antes, como um meio norteador da exegese, a ferramenta que me leva a trabalhar com o texto propriamente dito, mas isso não importa neste momento. O que importa por enquanto é saber que hermenêutica significa interpretação.

A palavra hermenêutica tem uma história interessante, que tem a ver com o nome do deus grego alado Hermes. Esse deus tem a função de transmutação, aquele que ouve a palavra dos deuses e a transforma em uma palavra compreensível à inteligência humana. A hermenêutica, portanto, é um "processo Hermes", que consiste em transformar algo ininteligível em inteligível; algo que ultrapassa a razão humana em algo que essa inteligência humana consiga compreender.

A exemplo disso, lembremo-nos da passagem bíblica (Atos 8.26-40) em que Filipe é levado pelo Espírito a encontrar-se com um etíope que viera a Jerusalém para adorar a Deus e, no caminho de volta à sua terra, sentado em sua carruagem, lia o livro do profeta Isaías. Ora, ele começou do jeito mais complicado. Podia ter começado com o Salmo 23! Brincadeiras à parte, o etíope lia Isaías. Ao vê-lo, Filipe se

doutrina e devoção

aproxima e pergunta: "O senhor entende o que está lendo?". Ao que o etíope responde: "Como posso entender se alguém não me explicar?". É óbvio que o etíope sabia o que aquelas palavras diziam, ou seja, ele conseguia ler o texto, mas não conseguia chegar à sua mensagem. Ele lê as palavras, sabe o que significam, entende a frase e o parágrafo, mas não sabe o significado da mensagem comunicada pelo texto. É aí que entra o trabalho da hermenêutica, o processo Hermes, de transformar o que é incompreensível em algo compreensível.

Ao fazermos uma pesquisa nos textos dos poetas e filósofos gregos, encontramos três definições ou formas do significado da palavra hermenêutica: 1) exprimir em voz alta, ou seja, dizer; 2) explicar, como, por exemplo, quando se explica uma situação; e 3) traduzir, como na tradução de uma língua estrangeira. Os três significados podem ser expressos pelo verbo português "interpretar", mas cada um representa um sentido independente e relevante do termo "interpretação". Vejamos cada um deles:[3]

1. Hermenêutica é dizer ou comunicar uma mensagem. Este é o sentido mais básico de hermenêutica: dizer, exprimir em voz alta. A performance daquele que faz o anúncio é um processo hermenêutico, em que a compreensão dos ouvintes depende da qualidade da anunciação que está sendo feita. Podemos exemplificar esse primeiro sentido de hermenêutica com a leitura pública do texto bíblico. A leitura feita com correta entonação, boa dicção, respeitando acentuação, concordância e pontuação, certamente tornará o texto lido ao público mais claro e compreensível do que se fosse feita uma leitura apressada, ignorando concordâncias e pontuações.

••••••••••

[3] Apresento aqui uma síntese de: PALMER, Richard E. *Hermenêutica*. Lisboa: Edições 70, 2011. (Coleção: O saber da filosofia — 15). p. 23-41.

2. A hermenêutica como explicação também está presente na filosofia e na poesia grega. Nesse sentido, é como quem explica um fato a alguém, ou quando um professor explica uma fórmula matemática aos alunos. Foi o caso de Filipe, que explicou as palavras de Isaías ao etíope.
3. A hermenêutica é tradução — e toda tradução é hermenêutica. Quando lemos o texto de Apocalipse na Nova Versão Internacional (NVI), lemos, na realidade, as escolhas hermenêuticas dos tradutores, pois todo processo de tradução implica interpretação. Esse fato é observável pelo constante trabalho de tradução bíblica realizado até hoje. Comparando as traduções, vemos diferenças em determinados textos, que são escolhas interpretativas das equipes de tradução. Todo tradutor precisa fazer escolhas ao interpretar um texto, pois nem sempre as palavras que ele traduz têm correspondentes diretos na língua para a qual está traduzindo. É por isso que a hermenêutica consiste também em tradução.

Quando voltamos para o uso moderno da hermenêutica, precisamos nos valer dos nossos manuais tradicionais. Eles nos ensinam que a hermenêutica é um acesso, uma perspectiva. É como os óculos que usamos para ler determinado texto a partir daquilo que suas lentes nos permitem enxergar. A hermenêutica é essa perspectiva, é o acesso que usamos para adentrar o mundo das Escrituras. O campo da hermenêutica é bastante abrangente e, justamente por isso, trabalha com regras e princípios gerais de interpretação do texto bíblico. Isso significa que a hermenêutica está pressupondo uma palavra que muitos evitam: método. Hermenêutica precisa de método, de regras bem definidas que imponham alguns limites, ou placas de orientação no caminho em que estamos andando. No seu sentido original, método significa um caminho a trilhar para se chegar ao objetivo desejado.[4]

Nós criamos os métodos. Eles não são uma revelação divina. Aliás, Deus nunca revelou uma hermenêutica divina. Isso significa que, por mais que busquemos nas Escrituras o melhor caminho, o melhor método para interpretá-las, ele aparecerá para nós por meio de um processo de interpretação. O reconhecimento desse fato de que a hermenêutica é um método não revelado, mas criado por nós, leva-nos a considerar que deveríamos ser mais humildes em nossas interpretações. Devemos reconhecer que não somos infalíveis, nem é infalível a maneira como nossa doutrina tem caminhado para dentro das Escrituras, tentando chegar a conclusões a respeito da verdade revelada. Para a nossa tradição mais ortodoxa, infalível é a Escritura, e não os nossos métodos, doutrinas e hermenêuticas.[5]

Esse entendimento nos leva ao primeiro ponto de contato entre o processo racional, lógico e intelectual, ou seja, a interpretação do texto, e a nossa espiritualidade, o desenvolvimento de um coração e uma mente humildes, reverentes ao texto, mas também a serviço do próximo, através do diálogo fraterno, apresentando-lhe nossos critérios e os caminhos que fundamentam as nossas perspectivas hermenêuticas e a nossa doutrina. Contudo, não somos infalíveis nem dominamos a verdade.

Em João 18.37-38, lemos o curto diálogo entre Jesus e Pilatos, aquele que terminou com a pergunta do governador romano: "O que é a verdade?". Jesus dissera: *"Todos os que são da verdade me ouvem"*. A verdade não é algo que possuímos. É ela que nos possui. Cristo é a verdade, ele nos possui. Aqueles

----

[4] Sobre esse assunto, veja ZABATIERO, Júlio. *Manual de exegese*. São Paulo: Hagnos, 2007.
[5] Sobre esse assunto, veja MUELLER, Enio R. *Caminhos de reconciliação*: a mensagem da Bíblia. Joinville: Grafar, 2010. p. 158-189.

que estão em Cristo sabem quem ele é, confiam nele e lhe obedecem, ou seja, estão vivendo sob a sua direção. Nós não dominamos a verdade nem deveríamos dominá-la, pois a verdade é Cristo. Ele é a verdade do evangelho, ele é uma pessoa, e não uma ideia, um conceito ou uma doutrina, mas, sim, a verdade, o caminho e a vida (João 14.6).

Partimos agora para a nossa reflexão final, baseada no texto que lemos no início (Apocalipse 10). Eugene Peterson utiliza essa imagem do Apocalipse para introduzir o tema de sua obra.[6] Está lá aquele anjo enorme com um pé sobre o continente e o outro sobre o mar. Que fantástico! O Apocalipse, assim como toda a Escritura, trabalha muito com a nossa imaginação. Afoito por causa da grandiosidade do que está vendo, ele pega um caderno para escrever aquilo que vê. Porém, é dito a ele que não escreva, mas que se dirija ao anjo, que tem outra recomendação a ser seguida. João deve pegar o livrinho da mão do anjo e comê-lo.

Sem dúvida, essa imagem do Apocalipse, assim como tantas outras, tem diversas referências, mas é seguro afirmar que o livrinho que estava na mão do anjo e que depois foi comido por João representa a Escritura — a palavra de Deus dita por intermédio dos profetas, a qual nutre a fé das comunidades cristãs. Foi ordenado que João o comesse, pois na sua boca seria doce e, no estômago, amargo. Interessante que essa não é a única passagem em que o Senhor ordena a alguém que coma a sua palavra. Em Ezequiel (capítulos 2 e 3), é dito ao profeta para comer o livro. Em Jeremias 15.16, é dito que esse profeta devorou a palavra do Senhor.

Gosto muito dessa imagem e do fato de a Bíblia ser uma obra literária riquíssima em parábolas, metáforas e analogias,

----

[6] PETERSON, Eugene. *Coma este livro*: as Sagradas Escrituras como referência para uma sociedade em crise. Niterói: Textus, 2004.

doutrina e devoção

porque isso nos ajuda a pensar qual deve ser nossa relação interpretativa com a Escritura. Não se trata apenas de anotar, de fazer considerações sobre Deus, nem de entender o que está sendo dito. Trata-se de as palavras desse livro entrarem em você através de um processo visceral, quando a Escritura vai realmente nutri-lo. Esse é o processo!

Permita-me dar um exemplo pessoal. Há três anos eu pesava trinta quilos a mais, por isso entrei num processo de reeducação alimentar, comecei a correr e hoje, recuperado o meu peso normal, sou maratonista. Ao passar por esse processo, descobri a diferença entre comer e nutrir-se; comer porque está com fome e comer por compulsão ou ansiedade. A mesma coisa aconteceu durante uma reflexão que fiz enquanto praticava a disciplina espiritual que talvez mais tenha caído em desuso, ou que é mal interpretada: o jejum. Foi jejuando que descobri o meu pecado: eu comia compulsivamente porque era ansioso.

Por que eu andava tão ansioso? A conclusão a que cheguei sobre o meu momento de vida era que eu não tinha confiança em Deus. Isso é pecado. A prática da disciplina espiritual do jejum nos ensina muitas coisas. Uma delas foi descobrir que a maneira como eu comia escondia o meu pecado. Então, comecei a retrabalhar essa confiança na minha vida.

Voltando à minha prática alimentar, percebi a diferença entre comer compulsivamente para preencher um desejo, comer por estar ansioso e comer seletivamente os alimentos para extrair deles os nutrientes, vitaminas, minerais, proteínas, carboidrato e gordura de que meu corpo precisa. É importante reconhecer as carências do nosso corpo. Quando nos alimentamos, tudo o que está no alimento vai para nossos ossos, nossa musculatura, nossa corrente sanguínea, nossos tendões e ligamentos, e assim eles mantêm nosso corpo funcionando bem.

Na verdade, esse processo alimentar prefigura outro processo. A palavra de Deus tem de ser o alimento que nos nutre; ela tem de formar quem nós somos — nossos padrões de sentimentos, pensamentos e comportamento. A palavra de Deus deve ser lida não como quem disseca um texto de teologia sistemática, mas deve ser "comida", ou seja, tem de fazer parte de nós, tem de ir para as nossas entranhas.

Em todo esse processo, reside um problema que Kevin Vanhoozer aborda em *Há um significado nesse texto?*, citando três parábolas que Soren Kierkegaard propôs acerca do processo de interpretação:

1) A primeira parábola é baseada em Tiago 1.22-25, que diz: "Sejam praticantes da palavra, e não apenas ouvintes, enganando-se a si mesmos. Aquele que ouve a palavra, mas não a põe em prática, é semelhante a um homem que olha a sua face num espelho e, depois de olhar para si mesmo, sai e logo esquece a sua aparência. Mas o homem que observa atentamente a lei perfeita, que traz a liberdade, e persevera na prática dessa lei, não esquecendo o que ouviu mas praticando-o, será feliz naquilo que fizer" (NVI).

Contemplar-se no espelho e se esquecer de sua própria aparência. Os nossos processos interpretativos, quando realizados somente da perspectiva racional, lógica, com pressupostos equivocados de que vamos dominar a verdade e de que somos infalíveis, são absurdos semelhantes àquele que se olha no espelho não para enxergar quem ele é ou para ter uma realidade clara sobre quem a Escritura diz que ele é. Antes, ele olha para o espelho e não é capaz de se lembrar da sua imagem projetada nele, ou seja, olha para o espelho apenas para estudá-lo, e não para ver o que está nele. Repara no espelho e o analisa, mas logo esquece a razão de estar diante de si — projetar sua imagem e dizer quem ele é.

A segunda metáfora de Kierkegaard é interessante: uma carta de amor. Um soldado está na guerra e recebe uma

doutrina e devoção

carta de sua namorada. Ele corre para a sua tenda para lê-la, porém vê que, por alguma razão, sua namorada a escreveu numa língua estrangeira, a qual ele não conhece. Ele se vale, então, de um dicionário para traduzir a carta. Nisso, entra um soldado amigo e fala alegremente com ele: "Sua namorada mandou-lhe uma carta de amor e você está se deliciando com as suas palavras?". O soldado responde: "Meu amigo, não! Não estou lendo uma carta de amor; antes estou me matando para entender o que esse texto está dizendo". Do mesmo modo como aquele soldado não foi capaz de perceber o conteúdo amoroso daquela carta, assim também é a nossa relação com a Escritura, a carta de amor escrita para nós.

A terceira parábola é de um rei que expediu um decreto real, um conjunto de leis, e o entregou aos seus súditos. Estes interpretaram as leis e foram para os debates públicos. O resultado disso foi a criação de escolas diferentes de interpretação dessas leis. O rei ficou muito furioso, reuniu o povo e disse: *"Eu não dei as leis para que vocês as interpretem e façam o que estão fazendo, mas, sim, para que as cumpram. É para obedecer ao que está dito"*.

Em se tratando da Escritura, descobrimos o seguinte: a maior parte dos debates acerca das nossas interpretações tem a ver com o fato de não querermos nos submeter ao que a Escritura está dizendo. A razão disso é que a maior parte do que encontramos na Escritura não é de difícil interpretação, mas de difícil obediência. A nossa real dificuldade não tem a ver com entender a palavra de Deus, mas com o não querer obedecer a ela. Aqui há outro problema que não é racional, mas está no campo da espiritualidade. É um problema de fé, porque fé significa fidelidade e obediência. Esse é, de fato, o nosso problema com as Escrituras. John Stott disse bem: "Ninguém que não pratica aquilo que já sabe pode esperar avançar em seu conhecimento".[7]

. . . .

7 STOTT, John. *Entenda a Bíblia*. São Paulo: Mundo Cristão, 2005. p. 214.

Para finalizar, o que se espera de nós é que olhemos no espelho, e não apenas que o examinemos. Anne-Marie Pelletier, exegeta católica, diz o seguinte: *"O ganho de uma leitura da Bíblia passa a ser proporcional àquilo que o leitor consente expor de si próprio, aos riscos que ele aceita correr, tornando-se vulnerável ao confronto com as palavras com que ele vai cruzar"*.[8]

Esse é de fato um princípio simples que não diz respeito somente à leitura da Bíblia, mas, seguramente, mais nela do que em qualquer outro lugar. Nosso ganho e nosso proveito das Escrituras nos acorrem quando consentimos abrir-lhes o coração para que nos transformem, confrontem e revelem o nosso pecado. Ganho com a Escritura não pelo que entendo dela ou por parecer sábio diante dos outros por dominá-la, mas ganho quando lhe permito dobrar meus joelhos. Porque a humildade não se aprende numa escola, não é um exercício intelectual, mas, de acordo com as Escrituras, é fruto de uma experiência com Deus; ela nasce quando reconhecemos quão pequenos, limitados e pecadores somos diante de um Deus santo. É por isso que a Escritura quer nos quebrar, para que surja humildade dessa nova devoção, dessa nova relação com a palavra de Deus.

Por essa razão, a tradição cristã criou a *Lectio Divina* (leitura orante, ou leitura devocional), a disciplina espiritual da leitura devocional, leitura para a transformação. Precisamos aprender a praticar essa disciplina. Não me refiro à leitura de livros devocionais, mas à leitura devocional da Bíblia, que consiste em um encontro: você e o texto, quando, então, lemos com calma, em reverência e submissão, para ouvir e meditar na palavra de Deus, responder em oração, permitir ter o nosso

──────────

8 Citado por MENDONÇA, José Tolentino. *A leitura infinita*: a Bíblia e a sua interpretação. São Paulo: Paulinas; Pernambuco: Universidade Católica de Pernambuco, 2015. Uma valiosa obra dessa exegeta católica é: PELLETIER, Anne-Marie. *Bíblia e hermenêutica hoje*. São Paulo: Loyola, 2006.

doutrina e devoção

coração aquecido pelas Escrituras e nos comprometer com o Senhor a cada devocional. Não podemos ser displicentes com a nossa leitura das Escrituras; precisamos de uma leitura atenta e aberta ao confronto.

A leitura da Bíblia é, na verdade, uma disciplina espiritual, uma vez que nem sempre você terá vontade de fazê-la. Sim, naturalmente, você não conseguirá ler a Bíblia todos os dias, mas a disciplina o obrigará a fazê-lo. Disciplina é o que você coloca em sua agenda e não falha de jeito nenhum com aquele compromisso. Disciplina é o que me faz levantar às cinco e meia da manhã para correr, às vezes debaixo de chuva. Tenho vontade de fazer isso? Não! Antes, quero ficar dormindo e descansando.

A leitura da Bíblia tem de ser uma disciplina para nós. A disciplina quebra a nossa lógica de que temos de ler quando vamos estudar, pregar ou dar uma aula. Isso é loucura, displicência e pecado; isso não é "comer" o livro. A leitura devocional tem de ser para nós um exercício de coerência existencial — é fé que se traduz em obediência e fidelidade. Minha prática deve condizer com o que creio. Se creio em Cristo, então obedeço a ele. Se creio em Deus, então obedeço às suas palavras.

João, em sua primeira epístola, diz que aquele que ama Deus obedece aos seus mandamentos. Portanto, a leitura da Bíblia tem de ser para nós um instrumento de transformação, ou seja, a leitura e todo o processo interpretativo das Escrituras têm de ser, para nós, um exercício para a transformação.

capítulo 6

As três dimensões da comunhão cristã

CARLOS "CACAU" MARQUES[1]

A doença da igreja de Corinto era a carnalidade. Por mais que falassem muito de dons e manifestações espirituais no culto, suas atitudes não eram de uma comunidade controlada pelo Espírito Santo. Sempre nos lembramos dos pecados sexuais daquela igreja, das disputas sobre carnes sacrificadas a ídolos, das confusões no culto público, porém a maior evidência da carnalidade dos coríntios era a desunião. É o que o apóstolo Paulo destaca: *"[...] visto que há inveja e divisão entre vocês, não estão sendo carnais e agindo como mundanos?"* (1Coríntios 3.3 — NVI).

Essa desunião tinha a aparência de rigor doutrinário. Ninguém assume que suas desavenças são fruto da própria carnalidade. Em geral, nós nos convencemos de que estamos mais próximos da verdade do que nossos adversários e que desejamos mais que tudo uma reconciliação, desde que seja nos nossos próprios termos. A igreja de Corinto estava dividida em grupos que se identificavam com respeitáveis líderes da cristandade. Uns seguiam Pedro, o líder do colégio

----

[1] Carlos "Cacau" Marques é pastor na Igreja Batista Vida Nova em Nova Odessa, SP. Formou-se em Teologia na Faculdade Teológica Batista de Campinas-SP e hoje atua como docente na instituição. Também é formado em História pela Universidade Estadual de Campinas-SP.

apostólico. Outros, Paulo, o apóstolo dos gentios. Outro grupo preferia Apolo, um grande orador. Outros ainda se diziam de Cristo. Em tese, estes últimos estariam no fundamento correto, mas é notável que o autor da epístola não faça nenhum elogio ou ressalva em relação a esse grupo. Diziam ser de Cristo, mas não eram dele.

A forma como o autor da epístola trata a questão é marcante. Apesar de haver um grupo fiel a Paulo na Igreja, ele não encara o problema como uma oposição entre o seu grupo e os demais. O fato de haver opositores a ele na igreja era um problema tão grande quanto o de haver partidários dele. Isso porque sua preocupação não era com quem o apoiava ou rejeitava, mas com a busca da igreja por uma identidade que não estava alicerçada em Jesus. "Foi alguém batizado em nome de Paulo?". Elevando o argumento ao absurdo (alguém ser batizado em seu nome), o apóstolo demonstra quão distantes os coríntios estavam da palavra da cruz. Sua própria identidade como corpo de Cristo estava distorcida. Paulo não foi crucificado. Os coríntios faziam da obra de Cristo um detalhe irrelevante diante de seus acalorados debates. Esqueciam que o alicerce é Cristo e que, fora dele, tudo é inútil.

Essa carnalidade expressa em desunião afetava toda a vida da igreja. A comunidade desunida não tratava os seus pecados (cap. 5); não havia ordem na adoração pública (cap. 14); não havia concordância doutrinária (cap. 15). Sem o restabelecimento da comunhão, não haveria santificação, frutificação ou exaltação a Deus.

Por essa razão, o tema da unidade é tão importante. A própria vida da Igreja depende disso. Vivemos em uma época de individualismo exacerbado, conexões efêmeras e narcisismo desenfreado. As redes sociais aumentam o número de conexões, mas não criam comunidades. Elas são um amontoado de individualidades que partilham traços comuns superficiais. São como um enxame barulhento e instável, como assinala Byung

Chul Han. A essência que confere uniformidade profunda tem sido substituída pelos rótulos exteriores e simplórios.

É urgente compreendermos em que se sustenta nossa unidade. Nas concordâncias doutrinárias? Na conduta reta? Nas práticas litúrgicas? Nas inclinações político-ideológicas? Nos adversários em comum? Cada uma dessas perguntas tem recebido um "sim" como resposta de um grupo diferente.

Alguns tentam reagir a isso respondendo "não" a todas as perguntas e apegando-se apenas ao nome "cristão". Esses se assemelham aos que diziam "somos de Cristo" na igreja de Corinto. Acreditam que o nosso elemento unificador não é nenhum desses rótulos políticos, culturais, doutrinários, práticos; o elemento unificador é Cristo mesmo. Mas, ao dizerem isso e tentarem abarcar todos sob esse único nome, estão transformando também o próprio Cristo num mero rótulo. Como se não importasse o conteúdo, desde que haja um apego à mera denominação "cristão". O jargão "somos todos irmãos" não tem nenhum efeito prático na vida, nenhuma distinção real. É só o apego a mais um rótulo vazio. As duas atitudes são rebatidas por Paulo em um único trecho:

> *Entretanto, nisto que lhes vou dizer não os elogio, pois as reuniões de vocês mais fazem mal do que bem. Em primeiro lugar, ouço que, quando vocês se reúnem como igreja, há divisões entre vocês, e até certo ponto eu o creio. Pois é necessário que haja divergências entre vocês, para que sejam conhecidos quais dentre vocês são aprovados* (1Coríntios 11.17-19 — NVI.)

O fato de haver divisões não é elogiável, mas, até certo ponto, é inevitável, por sempre haver ensinos falsos concorrendo com a sã doutrina. Fica claro que a unidade é uma busca intensa da Igreja, mas não uma busca a qualquer preço. A

doutrina e devoção

edificação da identidade também produz a consciência da alteridade. Ao saber quem somos, afirmamos quem não somos e quem não é dos nossos.

As reuniões dos coríntios faziam mais mal que bem. Era de se esperar que fizessem bem, mas não era isso que acontecia. Isso porque a celebração eucarística não era verdadeira. "Quando vocês se reúnem, não é para comer a Ceia do Senhor" (1Coríntios 11.20 — NVI). O sentido da Ceia não estava sendo compreendido pela igreja. A celebração correta da Ceia deveria contribuir para a edificação da comunhão, mas a forma como celebravam não só a tornava ineficiente, como também indicava toda falta de compromisso com o evangelho.

De que maneira a Ceia contribuiria para uma comunhão real entre os irmãos? Acredito que há três dimensões da comunhão cristã presentes na Ceia do Senhor, tal como ensinada por Paulo aos coríntios. A compreensão dessas verdades nos fornece um fundamento verdadeiro para crescermos em nossa unidade.

DIMENSÃO MÍSTICA

> *Não é verdade que o cálice da bênção que abençoamos é uma participação no sangue de Cristo, e que o pão que partimos é uma participação no corpo de Cristo? Por haver um único pão, nós, que somos muitos, somos um só corpo, pois todos participamos de um único pão* (1Coríntios 10.16-17 — NVI).

A participação na Ceia do Senhor é a participação no corpo de Cristo. Nossa unidade mística com Cristo é a garantia da comunhão fraternal da Igreja. Somos um na medida em que estamos ligados a um único redentor, que é a cabeça do corpo.

Dessa forma, a comunhão cristã é, inicialmente, uma realidade que antecede nossa obra. Ela é baseada na própria unidade de Cristo, Deus-Homem, e independente de nossas ações e opiniões. Antes de sequer termos um conceito sobre o que é ser cristão, o próprio Messias nos une em sua Igreja universal e invisível.

Em *Vida em comunhão*, Bonhoeffer afirma que a comunhão cristã é "um presente de Deus ao qual não temos direito". Ela não é fruto de nossos esforços pessoais, nem está fundamentada no nosso ser amável e conciliador. Ela é "uma realidade criada por Deus, em Cristo, da qual podemos tomar parte".

Disso, Bonhoeffer conclui que não devemos tomar a comunhão cristã como uma realidade psíquica. Ela não é um bom sentimento em relação ao próximo. Nem é a busca por um ideal de fraternidade humana. Ela é uma realidade espiritual consumada em Cristo. Por isso devemos ser gratos a Deus pela comunhão da igreja, ainda que seja falha e pequena. Não devemos agradecer apenas quando ela corresponde ao nosso ideal de comunidade. O cristão que compreende que a comunhão é uma dádiva divina deve tomá-la com toda a gratidão em seu estado real, pois toda comunhão é um presente de Deus.

Na Ceia, recebemos o pão das mãos do Senhor, que diz "isto é o meu corpo". Esse mesmo Jesus nos fala de sua Igreja "esta é o meu corpo". Ao recebermos de Cristo a dádiva do pão, recebemos também dele a dádiva da Igreja. Em ambos, recebemos o próprio Cristo vindo a nós por graça real. Um único pão une-se a cada um de nós pela digestão, um único Cristo está em cada um de nós pela fé.

É por meio da fé que recebemos essa realidade espiritual. Sem fé, é impossível amar meu irmão. Uma vez que a comunhão não está fundamentada em nossas próprias obras, em nosso próprio espírito manso, ou em nossa própria vontade de amar, mas unicamente na obra, no Espírito e na vontade de Deus, precisamos crer nisso. Cremos que, independentemente de nossas indisposições pessoais para com o próximo, a união da Igreja está decretada de forma

doutrina e devoção

irrevogável por Deus em Cristo. E é por crermos nisso que ultrapassamos os rótulos que nos dividem e os sentimentos que nos afastam. Já não há mais judeu nem grego, escravo nem livre, paulinos ou apolinos, direitistas ou esquerdistas, mas Cristo é tudo em todos.

O tema da identidade e da alteridade da Igreja também está presente aqui. Ao participarmos da mesa de Cristo, crendo em nossa união exclusiva com ele, não participamos das mesas dos ídolos (1Coríntios 10.21). A unidade dessa comunidade humana não é um inclusivismo sem critério; é uma união firme e fundamentada na realidade espiritual do próprio Cristo entre nós. Estamos ligados nele, portanto livres de todo o resto. E, por estarmos juntos nele, estamos também unidos uns aos outros.

Cristo não é uma mera denominação religiosa. É o Deus-Filho crucificado que, ao mesmo tempo que nos une, escandaliza judeus e gregos. É aquele com quem morremos e por meio de quem vivemos. Está além de todas as distinções denominacionais, porque é o próprio Senhor da Igreja, cabeça que alimenta e comanda todo o corpo.

DIMENSÃO DOUTRINÁRIA

A realidade mística da comunhão em Cristo manifesta-se na fé da Igreja. Não se pode ignorar o conteúdo dogmático dessa comunhão. A Igreja tem um corpo doutrinário objetivo e distintivo. A própria obra de Cristo na cruz chega a nós através de um ensino, de uma doutrina. "Pois recebi do Senhor o que também lhes entreguei" (1Coríntios 11.23 — NVI). A transmissão da fé cristã de uma geração a outra é a concretização cronológica da obra eterna de Cristo. Celebrar a Ceia como também a celebravam os primeiros cristãos nos lembra de que a nossa unidade não é apenas uma realidade transcendente centrada na obra de Cristo, mas emana da cruz para a pregação e a prática do povo de Deus em todo o mundo e durante todo o tempo.

Um dos elementos da unidade da igreja de Jerusalém em Atos é que permaneciam na doutrina dos apóstolos (Atos 2.42). Essa doutrina antecede a própria existência da Igreja, pois vinha de Cristo mesmo. O Senhor orientou até mesmo aspectos da vida da Igreja, como a disciplina eclesiástica (Mateus 18.15-17). Quem se une a Cristo por sua graça recebe também o ensino do mestre.

É necessário compreender que a dimensão doutrinária da comunhão é fruto da obra de Cristo. Não é uma ação nossa em direção à unidade, o que transformaria a graça da comunhão em uma sinergia com Cristo, mas uma extensão da obra realizada na cruz. Não se pode separar o aspecto místico do dogmático. Escolher um em detrimento do outro acarretará um de dois erros: a irrelevância ou o sectarismo.

Os que enfatizam a dimensão mística mas esvaziam a doutrina abandonam a identidade cristã à irrelevância. A cruz não traria nenhum conteúdo confessional ou prático para a Igreja. A realidade histórica da crucificação e da ressurreição torna-se um ponto irrelevante, e o que sobra da vida cristã é a mera impressão pessoal de uma filosofia de vida rarefeita e maleável, ao gosto do freguês. Não há aspectos mais profundos de identidade que são condições para uma comunidade real.

Outros transformam a doutrina na própria obra da unidade, edificando sobre os critérios intelectuais da fé os muros de seu sectarismo. Tal atitude leva a uma soberba doutrinária que frequentemente termina em adições humanas ao conteúdo que chega a nós pela Escritura. É historicamente perceptível que as comunidades mais sectárias do cristianismo sofrem com distorções hermenêuticas severas e até mesmo acrescentam ensinos humanos à sua doutrina, pois fazem de sua singularidade dogmática o fundamento de sua identidade e alteridade. O isolamento nunca produziu boa teologia.

doutrina e devoção

O equilíbrio consiste em compreender a doutrina como uma forma de encontro com a cruz de Cristo. Paulo faz isso chamando o ensino evangélico de "palavra da cruz" (1Coríntios 1.18 — A21). A comunhão da Igreja não prescinde de palavras e ensinos, mas tais palavras não são fundamentadas na sabedoria humana; antes, seu conteúdo é o próprio Cristo e este crucificado (1Coríntios 1.23; 2.2). A Igreja nada sabe sobre a obra de Cristo sem o ensino que recebeu; e esse ensino nada vale sem a obra que o fundamenta.

É aí que um problema se apresenta a nós: como compreender a diversidade de doutrinas no seio da Igreja? É notório que o corpo de Cristo está dividido em diversos grupos que apresentam ênfases doutrinárias distintas. Até que ponto tais divisões são aceitáveis? Devemos caminhar para uma uniformidade plena em todas as doutrinas?

O próprio material bíblico paulino apresenta a convivência pacífica entre irmãos com doutrinas diversas. Aos romanos, ele destaca que alguns separam um dia da semana como especial em relação aos outros, enquanto outros irmãos consideram todos os dias iguais. Todos fazem isso para a glória de Deus (Romanos 14.5,6). O mesmo acontecia com o consumo de certos alimentos. Essa diversidade doutrinária era fruto da expansão do evangelho do mundo judeu para o gentílico. As tantas diferenças doutrinárias que temos hoje também são, em grande medida, fruto dessa expansão evangelística. Quanto mais se multiplicavam as comunidades cristãs, mais divergências doutrinárias apareciam.

Não há uma doutrina correta, então? Com certeza, há. Apesar de aceitar a existência de divergências entre os crentes, Paulo afirma que algumas coisas ferem o próprio núcleo do ensino sobre a obra de Cristo. Um exemplo claro disso é o ensino sobre a ressurreição. Sem a doutrina da ressurreição corpórea de Cristo, toda fé é inútil (1Coríntios 15.14). Essa doutrina, que o apóstolo recebeu e depois transmitiu (1Coríntios 15.3), é central para o evangelho, haja vista a lista paulina de testemunhas (1Coríntios 15.4-8). É esse o núcleo do ensino apostólico: "Portanto, quer tenha sido eu, quer tenham sido eles, é isto que pregamos, e é isto que vocês creram" (1Coríntios 15.11 — NVI). O evangelho é o nosso núcleo doutrinário identificador. É com base nele que os gálatas colocariam qualquer ensino sob julgamento, incluindo a própria autoridade apostólica e até mesmo angelical (Gálatas 1.8).

Esse evangelho estava de acordo com as Escrituras (1Coríntios 15.3,4) e encontra-se nelas. Foi com base nas Escrituras que os bereanos se convenceram da veracidade da pregação evangélica (Atos 17.11). A obra de Cristo chega a nós como confirmação das promessas do Antigo Testamento e através da pregação apostólica do Novo Testamento. Assim, a dimensão doutrinária da comunhão cristã está inevitavelmente atrelada à Bíblia. A Bíblia não só é a Palavra de Deus, como também o registro mais antigo que temos da pregação apostólica que emana da obra de Cristo. Qualquer projeto de comunidade cristã que renuncie à autoridade das Escrituras como fonte do testemunho de Cristo deve ser abandonado. Nossas divergências só podem existir como leituras diversas de uma única Palavra de Deus verdadeira.

Isso talvez resolva alguns problemas, mas com certeza não acaba com todas as divergências. Há tradições que tomam a Bíblia como infalível e, ainda assim, pregam doutrinas consideradas heréticas. Como diferenciar divergências periféricas de questões essenciais do ensino bíblico? Acredito que não haja forma mais cristã de se fazer isso do que o diálogo. Por meio de recepção, reflexão e pregação da Igreja sobre o conteúdo da revelação, é-nos possível estabelecer o centro doutrinário do corpo de Cristo. O próprio apóstolo parece apelar a esse diálogo com "as igrejas de Deus" quando diz que "todas as congregações dos santos" divergiam das práticas e do entendimento da igreja de Corinto (1Coríntios 11.16; 14.33).

doutrina e devoção

O diálogo teológico se dá entre indivíduos, entre tradições cristãs, entre regiões do planeta, mas também se dá no tempo. Os credos, as confissões de fé e as declarações doutrinárias da história da Igreja não têm autoridade superior à das Escrituras, mas são vozes que se unem à nossa voz no diálogo teológico. Nas formulações dos credos, compreendemos a ação dinâmica da Igreja, iluminada pelo Espírito, para interpretar a doutrina apostólica. O encontro da revelação com a comunidade dos remidos e a resposta da comunidade em pregação, prática e louvor.

DIMENSÃO PRÁTICA

A Ceia do Senhor também é uma proclamação. "Porque, sempre que comerem deste pão e beberem deste cálice, vocês anunciam a morte do Senhor até que ele venha." (1Coríntios 11.26 — NVI). É anúncio da obra da cruz. Ao participarmos da Ceia, mantemos o testemunho do sacrifício de Cristo audível no mundo. É, portanto, um compromisso missionário da Igreja. Uma renovação da adesão dos fiéis ao plano de Deus para todos os homens.

Na Ceia do Senhor, estamos comprometidos a fazer conhecida a história da salvação. Tal divulgação, contudo, não se dá unicamente na fala da Igreja. Cada atitude cristã é um anúncio dessa realidade nova. Por isso, o compromisso missionário da igreja em comunhão é também um compromisso de santificação. É por ver as obras dos fiéis que os ímpios glorificam ao Pai, que está nos céus (Mateus 5.16).

É nesse aspecto missionário que devemos encarar o desafio do autoexame espiritual que antecede a comunhão da Ceia. O versículo 27 de 1Coríntios 11 começa com "portanto", que traz o alerta de reprovação para aquele que, ao anunciar a morte do Senhor comendo do pão e bebendo do cálice, faça-o indignamente. O compromisso com a santidade é parte da celebração.

Há uma tendência de se ler esse texto como apenas uma exortação à consciência da indignidade. Como se o pré-requisito para tomar parte à mesa fosse compreender que não somos merecedores de tamanho privilégio. Essa interpretação não está errada, pois não se pode assentar com Cristo quem não se reconhece carente de sua graça. Mas a consciência da disparidade entre a santidade do Senhor e a nossa pecaminosidade não produz em nós apenas humilhação. Também nos lembra de que, na morte dele, morremos para que a vida que vivemos agora seja a vida dele em nós (Gálatas 2.19,20).

É isto que Paulo quis dizer com "discernir o corpo de Cristo": tomar total consciência da realidade da habitação do nosso Senhor em nós e entre nós e da nossa vida nele. Discernimos o corpo de Cristo quando, ao examinarmos nossa própria vida, encontramos práticas, pensamentos, sentimentos e atitudes que não correspondem ao que Cristo é e deve ser através de nós. Desejamos, então, com todo o nosso ser, viver como Jesus. O comer do pão é antecedido pela fome por Cristo; o desejo voraz de sua vida em nossa vida. Julgamos a nós mesmos para não recebermos o juízo de Deus (1Coríntios 11.31).

O coração contrito e confesso que participa da comunhão na Ceia ergue-se de sua posição prostrada para manifestar Cristo no mundo. E essa obra é marcada pelo amor. "Um novo mandamento lhes dou: Amem-se uns aos outros. Como eu os amei, vocês devem amar-se uns aos outros. Com isso, todos saberão que vocês são meus discípulos, se vocês se amarem uns aos outros" (João 13.34,35 — NVI). A Ceia do Senhor carrega essa mensagem de amor. Nela, vemos como Cristo nos amou, morrendo por nós. Assim também nos comprometemos a morrer por nossos irmãos, movidos pelo amor do nosso salvador. E assim o mundo identificará que somos discípulos de Jesus.

O anúncio da morte de Cristo feito na Ceia nada mais é do que a mensagem do amor de Deus para nós, entre nós

doutrina e devoção

e através de nós. Um amor que anunciamos com palavras e ações, sempre praticado em nossa família da fé como marca de nosso discipulado. Um anúncio ensinado por Jesus, quando orou "para que todos sejam um, Pai, como tu estás em mim e eu em ti. Que eles também estejam em nós, para que o mundo creia que tu me enviaste" (João 17.21 — NVI).

Esse anúncio também é cheio de esperança. "Vocês anunciam a morte do Senhor até que ele venha." A esperança da volta de Cristo, quando todos os poderes das trevas serão finalmente eliminados e a justiça e a paz prevalecerão, nos fortalece para vivermos diante de toda oposição. Essa esperança também é testemunho diante do mundo: "Estejam sempre preparados para responder a qualquer que lhes pedir a razão da esperança que há em vocês" (1Pedro 3.15 — NVI). Em um mundo desesperado, a esperança cristã deve ser notória.

Na busca pela unidade em fidelidade, precisamos voltar-nos para a mesa. Na Ceia do Senhor, compreendemos a realidade da comunhão mística operada por Deus em Cristo, da doutrina bíblica e do amor fraternal. Compreendemos a identidade da Igreja alicerçada no próprio Cristo, não como nome vazio, mas como poder e sabedoria de Deus. Diante da realidade do sacrifício de Cristo e da mensagem e da prática que emanam de sua obra, todas as outras formas de unidade se tornam insuficientes. A mera moral, o blasfemo compromisso político, a fria racionalidade e o ativismo mecânico são sinos que soam e metais que retinem. Se não houver amor, aquele amor decisivamente demonstrado na cruz, tudo será inútil.

capítulo 7

# Uma introdução à doutrina das orações de Jesus

VICTOR FONTANA[1]

Se há um assunto de grande preocupação dos reformadores e que muitas vezes é tratado de longe, com poucos detalhes, nas nossas dogmáticas, esse assunto é a oração. Calvino dedicou um capítulo inteiro a essa questão no Livro 3 de suas *Institutas*. Em suas correspondências com Melâncton, Lutero demonstra preocupação com a intercessão que lembra o cuidado paulino com as igrejas do primeiro século. É, então, surpreendente — ao menos para mim — a ausência desse tema entre boa parte dos manuais contemporâneos de teologia evangélica. Se ausência é um termo muito forte, é fato que a oração é tratada apenas perifericamente, quando comparada a temas da eclesiologia ou da soteriologia, por exemplo.

Curiosamente, o desenvolvimento de uma teologia da oração é visto com alguma frequência nos campos de pesquisa povoados por estudiosos que sequer acreditam no poder da

----

[1] Victor Fontana é jornalista e divulgador de conteúdo teológico. É formado em Comunicação pela Faculdade Cásper Líbero e em Teologia pelo Seminário Servo de Cristo. É mestre em Teologia pela Trinity Evangelical Divinity School. Casado com Bruna e pai da Lara, ele aguarda ansiosamente por mais filhos e pelo título mundial do seu time de coração, além da *Parousia*, é claro.

doutrina e devoção

intercessão. Entre os pesquisadores em busca do *Jesus histórico*, certamente há cristãos fervorosos. Há também, e não poucos, os que têm mero interesse acadêmico na figura de Jesus, sem qualquer comprometimento pessoal com ele. E aqui está um exemplo de campo no qual o tema da oração costuma surgir com alguma frequência. O que levaria, então, o heterodoxo John Dominic Crossan a se interessar por orações? Ou a estudiosa judia Amy-Jill Levine à dedicação ao tema dentro dos limites do cristianismo?

Possivelmente, o que acontece com esses acadêmicos é que não escapa ao seu olhar o fato de que Jesus orou. E orou muito. Simplesmente não é possível escrever sobre Jesus sem abordar o tema da oração. O mesmo contato com o texto bíblico que impactou Calvino e Lutero, transformando suas vidas devocionais, parece assombrar até mesmo o estudioso que busca uma análise mais distanciada. Jesus está, por seu próprio exemplo, fazendo um convite fascinante ao diálogo com ele e com o Pai.

Não deveria ser surpreendente, mas talvez seja: um olhar atento às orações de Jesus pode esquentar um coração frio, transformar uma vida perdida, reformar nosso modo de entender o mundo, revitalizar a Igreja. Entender o conteúdo das orações de Jesus implica perceber que existe ali uma doutrina e, necessariamente, também perceber o início de um relacionamento — pelo qual eu oro —, para que esteja tocando gentilmente a vida de cada estudioso de Jesus nesse momento, inclusive Crossan e Levine.

Por onde começar, então, nossa busca por compreender esse chamado para um relacionamento?

Nunca se esqueça do fato de que Jesus orou por você. Sim, é isso mesmo. Jesus, em seu ministério terreno, orou por você — e por mim também. Naquela que talvez seja uma das mais negligenciadas orações do Novo Testamento, a Oração Sacerdotal, narrada por João em seu Evangelho, Jesus ora por seus discípulos e por todos aqueles que viriam a crer em sua mensagem (João 17.20). Essa atitude tem implicações tão amplas quanto for possível à imaginação humana alcançar. Se um dia você lamentou a falta de um intercessor, jamais se esqueça disto: o próprio Jesus intercedeu por você.

Mas em que contexto Jesus fez isso? Quais eram as coisas que Jesus falava quando se achegou ao Pai para pedir pelos discípulos? Quais as implicações desse ato para a nossa vida devocional? Um olhar atento ao capítulo 17 do Evangelho de João nos mostrará que Jesus tinha em mente três propósitos centrais: *"Que eles experimentem unidade perfeita, para que todo o mundo saiba que tu me enviaste e que os amas tanto quanto me amas"* (João 17:23b — NVT).

1. Unidade;
2. Envio missionário;
3. Revelação do amor divino.

Se realmente crêssemos no poder de Jesus, não buscaríamos "orações de poder" aqui ou acolá, como se fôssemos desprovidos de intercessores. O mais poderoso já intercedeu por nós. Mas os três elementos acima demonstram nossa incredulidade também em outras áreas: se, de fato, achássemos importante o fato de que o próprio Cristo intercedeu por nós, seríamos diligentes quanto à unidade. Abraçaríamos uns aos outros, reformados e pentecostais. Também estaríamos devotamente engajados em tornar o evangelho conhecido em todo o mundo. Nossos orçamentos estariam direcionados ao sustento missionário entre os povos não engajados, não alcançados e, claro, os nossos irmãos em situação de perseguição religiosa. Se crêssemos, não precisaríamos de constantes palestras de pregadores emotivos massageando nosso ego. Sim, Deus nos ama tanto quanto amou Jesus. E nós teríamos convicção disso

doutrina e devoção

ao experimentarmos esse amor na medida em que somos um — com ele e entre nós.

Com um olhar um pouco mais otimista, na verdade, quando somos corretamente ensinados sobre essas coisas, cremos nelas. E também é correto afirmar que não faltam exemplos de cristãos que buscam unidade. Existem igrejas com grande parte do orçamento e da estratégia dedicados à obra missionária, e ainda devemos ser sinceros ao observar que conhecemos crentes maduros que entendem que são amados por Deus. A pergunta que devemos fazer talvez seja: esses temas realmente frequentam as minhas orações assim como estiveram na oração de Jesus?

A experiência da unidade é o desejo do Senhor Jesus Cristo para nós. Ela é missional e terapêutica. Ela nos desafia. Somos enviados ao mundo com ela. Somos convidados ao risco. Somos chamados à certeza da dor. E ela mesma, a unidade, cura as feridas que adquirimos durante a missão, pois Jesus orou para que assim fosse. E, se ele intercedeu dessa forma, assim também nós deveríamos orar. Quando orarmos, quero convidar você, leitor, a tentar imaginar a realidade transformada pelo evangelho da mesma forma que Jesus verbalizou: seremos um com o Pai, amados por ele, refletindo esse amor entre nós, e por causa disso o mundo saberá que Deus enviou o Cristo.

A oração que Jesus ensinou (o Pai-nosso, também conhecido como Oração Dominical) é muito parecida com a que ele orou nesse trecho do Evangelho de João. E esse é um segundo motivo para intercedermos assim, da mesma forma que Jesus o fez.

Talvez quem melhor tenha captado a similaridade entre as duas orações tenha sido o professor de interpretação bíblica Frederick Dale Bruner. Em seu comentário ao Evangelho de João (2012, p. 960), ele traça um paralelo entre as duas orações, que pretendo reproduzir e explicar aqui com as minhas próprias adaptações.

O QUE SIGNIFICA ORAR POR UNIDADE?

Vamos viajar de João a Mateus. Da Oração Sacerdotal, voltaremos no tempo e encontraremos a Oração Dominical (Mateus 6.5-15). Ali, em cima de um monte, em seu sermão mais famoso, Jesus ensina a orar. Ele faz recomendações severas a respeito da espiritualidade e instrui seus discípulos para que não a transformem num espetáculo. Ao contrário, que busquem o Pai em secreto. Porta fechada. É nesse contexto, de um exercício *aparentemente individual*, que Jesus orienta a oração do Pai-nosso. Venha a *nós* o Reino. O pão *nosso* de cada dia, o perdão dos *nossos* pecados, o *nosso* livramento do mal: na oração sozinho no quarto, o pronome está no plural.

C. Clifton Black, ao analisar a oração do Pai-nosso, nota uma similaridade com um hábito comum às orações no período do Segundo Templo.

"Na oração, as barreiras entre o privado e o comunitário são perceptíveis, mas, ainda assim, permeáveis" (*The Lord's Prayer*, 2018, p. 27). A implicação dessa citação do professor de Princeton é que, no exercício privativo da oração, somos convidados a uma espiritualidade de caráter íntimo. Apenas Deus sabe o que se passa em nossos corações, e não há espaço para a *performance*, para o drama, para a atuação diante da comunidade. Mas, ao mesmo tempo que é um exercício individual, a intercessão inclui a comunidade. Se, na Oração Sacerdotal, a unidade é um desejo explícito de Jesus, na Dominical ela é implicitamente a comunidade permeando a espiritualidade pessoal em forma de *primeira pessoa do plural*. Na prática, eu oro sozinho no meu quarto, mas *oro por nós*.

Isso significa que a nossa prática devocional da oração deve incluir a intercessão pelos membros da nossa comunidade local. Além disso, incluir toda a Igreja do nosso Senhor Jesus Cristo espalhada por toda a terra. Perceba que o projeto que se desenha nas petições que Jesus ensinou é cósmico:

doutrina e devoção

venha a nós o teu *Reino*. Não se deseja o Reino de Deus apenas para uma parcela dos crentes ou apenas para a minha igreja local. O reinado de Deus, o seu governo, quando desejado, tudo isso se dá sobre toda a terra.

Em outras palavras, quando a aspirante a Miss Universo deseja "paz mundial", a ingenuidade não está no desejo dela, mas nos meios para alcançar essa paz — por mãos humanas, uma utopia. O desejo de que Deus governe sobre tudo, trazendo sua paz, é legítimo e é parte daquilo que Jesus nos ensinou a pedir. Orar fielmente significa que devemos nos lembrar de toda a Igreja e interceder por ela. Aguardamos ansiosamente pela *Shalom* divina, quando, então, estaremos num grande banquete, com toda a Igreja. Gente de toda língua, de toda tribo, de todo povo e de toda nação estará lá, junto com as denominações e tradições cristãs. Reformados e pentecostais partilhando o pão. Batistas, metodistas, assembleianos e muitos outros, juntos e celebrando. Orar por unidade é uma antecipação escatológica do Reino que vem.

O QUE SIGNIFICA ORAR POR ENVIO MISSIONÁRIO?

Ao lermos a oração de Jesus em João 17, o apelo missionário é evidente. Jesus não pede que o Pai nos tire do mundo, mas que nos proteja do maligno. Mais explicitamente ainda, pede que nossa unidade seja perfeita, *para que* o mundo saiba que ele foi enviado pelo Pai.

Menos óbvia talvez seja a relação da Oração Dominical com o envio missionário. Ainda assim, a ideia de missão está ali. Para entender isso um pouco melhor, precisamos prestar atenção ao que Jesus quer dizer quando fala sobre o Reino no relato evangélico de Mateus. A mensagem do reinado de Deus (ou dos céus) é a principal ênfase dos ensinamentos de Jesus. Ela permeia as falas de Cristo e, especificamente em Mateus, além de predominante em frequência, também está diretamente associada ao próprio evangelho, sob a expressão *evangelho do Reino* (Mateus 24.14). É a mensagem de proclamação da boa notícia de que a soberania eterna do Pai está invadindo a história humana.

Em Mateus, e no Novo Testamento como um todo, o evangelho é muito mais do que a maneira como somos salvos. Além da salvação pessoal, a boa notícia é que Cristo é o Senhor. Esse senhorio contrasta diretamente com o senhorio de César. É a vontade do Rei, feita nos céus, manifestando-se na terra, invadindo a História.

O desejo pela chegada do Reino de Deus é expresso na oração que Jesus nos ensinou: *venha a nós o teu Reino*; e expandido na fórmula seguinte: *seja feita a tua vontade assim na terra como nos céus*. Essa expansão de sentido, explicando e repetindo a ideia anterior, é um recurso literário conhecido na poesia hebraica, denominado paralelismo sintético. A chegada do Reino é a manifestação da vontade de Deus aqui na terra, assim como ela é feita nos céus. O desejo pelo Reino exige um comportamento na terra que lhe seja correspondente.

Novamente, C. Clifton Black (2018, p. 109-16), baseado nas descrições do Reino contidas nos Evangelhos, apresenta as características do Reino que devemos buscar em nossas orações:

1. Teocentrismo;
2. Governo distinto dos governos deste mundo;
3. Reinado que transcende o domínio geográfico;
4. Justiça e misericórdia.

Teocentrismo: chamar Deus para o centro da vida humana é o papel do discípulo que evangeliza. Daquele que vai e faz novos discípulos batizando em nome da Trindade, ensinando a obediência a tudo aquilo que Cristo ensinou. Se desejamos o Reino, aguardamos o Rei. A figura de um rei nunca é periférica. O reinado divino pressupõe que Deus seja central. O

doutrina e devoção

que Jesus faz logo no início da Oração Dominical é centralizar na vida de todo cristão a figura de um governante gentil. É apenas natural que o Cristo inicie sua oração clamando ao Rei e chamando-o de Pai. Afinal de contas, ele é o Filho. Mas ele chama o Pai de *nosso Pai*. Já não é tão ordinário assim que eu e você chamemos ao Rei do universo de nosso Pai. É, na verdade, uma inclusão sobrenatural. Com uma simples expressão — *Pai nosso* —, Jesus chama o Rei para ocupar sua posição de fato e de direito, no trono dos Céus, governando sobre o cosmos, quando nós somos apenas súditos. Ao mesmo tempo, somos gentilmente convidados a aceitar o peso inestimável dessa autoridade como filhos amados.

Governo distinto: embora Jesus nunca tenha confrontado diretamente o Império Romano, sua mensagem frequentemente confrontou o *status quo* da sociedade romana, inclusive explicitamente, como na passagem em que ele instrui os discípulos a desejarem servir se quiserem liderar, ao contrário dos gentios, dominados por líderes tirânicos (cf. Mateus 20.25-27).

O desejo por um governo diferente daquele exercido pelos governantes deste mundo aparece nos Evangelhos em forma de *tensão escatológica*: o Reino já chegou, mas ainda não totalmente. Já nos comportamos como aqueles que querem ser os menores no momento presente, mas ainda não é agora que Jesus julga o mundo como seu regente.

Reinado que transcende o domínio geográfico: nos Evangelhos, Jerusalém é, sem dúvida, importante, não como lugar do trono do Rei, mas como o espaço de seu sofrimento. A partir dali, e da cruz, o Reino deveria ser *anunciado*, nos arredores, em Samaria e até os confins da terra — refletindo o domínio cósmico e espiritual do Pai.

Justiça e misericórdia: mas qual é a aparência desse reinado anunciado *na prática*? Jesus resume o seu papel como Messias aos discípulos de João Batista da seguinte forma:

"[...] os cegos veem, os aleijados andam, os leprosos são purificados, os surdos ouvem, os mortos são ressuscitados e as boas-novas são pregadas aos pobres" (Lucas 7.22b — NVI). Em grande medida, o evangelho está relacionado ao envio de Cristo para a salvação dos indesejáveis. Embora indesejáveis, fomos profundamente desejados por Deus. Assim, o Pai *enviou* o filho, para que eu e você fôssemos incluídos em sua família. Jesus, então, nos envia para anunciar e vivenciar essa boa notícia.

É dessa forma que a Oração Dominical tem uma forte raiz missional. Ela estimula o nosso desejo por *proclamação* e *envio*. Ela insta nossa obediência ao entendermos que o Reino vem. Corretamente compreendida, ela estimula nossa imaginação para que sonhemos e pensemos em como nossas vidas podem ser, como a vida dos nossos vizinhos podem ser, se for feita a vontade de Deus na terra, assim como nos céus.

O fruto da nossa imaginação de um mundo alcançado pelo evangelho é necessariamente a oração pelo envio missionário. O esforço de evangelização global é a implicação inevitável de levarmos as orações de Jesus a sério.

O QUE SIGNIFICA ORAR PELA REVELAÇÃO DO AMOR DIVINO?

A oração de Jesus no Evangelho de João traz um conceito universal e abstrato: a experiência da unidade entre os discípulos fará com que o mundo saiba a respeito do envio do Messias e do amor de Deus. A oração ensinada por Jesus em Mateus traz a aplicação prática desse conceito.

Ele nos instrui a orar da seguinte forma: "Perdoa as nossas dívidas, assim como perdoamos aos nossos devedores" (Mateus 6.12 — NVI). O perdão é a expressão máxima de amor. Renunciamos à nossa razão, aos nossos direitos, suportamos a dor, para podermos dizer: seja bem-vindo de volta à comunidade. A ideia de dívida, presente na Oração Dominical, nos dá uma ideia concreta sobre o que está em

doutrina e devoção

jogo quando o amor verdadeiro aparece. Amar, de fato, significa um desejo de comunhão que supera eventuais prejuízos, sejam eles financeiros ou de outra natureza.

A ideia de um amor mútuo e comunitário revelando o amor divino às nações não é uma novidade do Novo Testamento. Já em Deuteronômio, vemos presente a ideia de que o cumprimento da lei geraria harmonia entre os israelitas, tornando-os atraentes aos outros povos, revelando a eles quão justo é o Deus de Israel (Deuteronômio 4.5-8).

A noção de perdão de dívida remete, inevitavelmente, à legislação do Ano Sabático e do Ano do Jubileu (Levítico 25), em que os escravos eram libertos e as terras arrendadas retornavam aos seus donos originais, anulando qualquer dívida contraída entre os irmãos israelitas na terra prometida. Nem na oração de Jesus, nem na prática da libertação de escravos, o perdão é uma ideia abstrata. É, na verdade, uma prática concreta, que envolve renúncia e perda. O lucro obtido com as terras que meu vizinho me vendeu vai embora, porque eu tenho de devolver. O trabalho do homem endividado e incansável na minha lavoura deixa de existir, porque hoje é dia de fazê-lo livre. E, de acordo com o texto, ainda preciso celebrar essas perdas e cantar no meio da aldeia, tocando trombetas e anunciando: libertação!

Orar pela revelação do amor divino é manifestar perdão na comunidade, independentemente das circunstâncias. É conhecer a dor inevitável dos relacionamentos e acolher com um sorriso aquele que nos prejudicou. É receber de volta o escravo fugitivo Onésimo, mas agora como irmão, conforme Paulo pede que Filemom o faça.

É verdade que esse perdão liberta. Ele reconcilia quem é perdoado e alivia a mente de quem perdoou. Na oração de Jesus, entretanto, o perdão tem um poder sobrenatural ainda mais impactante. Ele revela na história o amor de Deus, de maneira perceptível ao olhar das pessoas. Quando uma comunidade cristã passa a praticar o perdão, coloca em ação o que Jesus colocou em oração. E assim, no poder do Espírito, as pessoas que veem esse amor percebem a existência de um Deus que as acolhe.

Há, entretanto, mais uma expansão de sentido entre a Oração Sacerdotal e a Oração Dominical na qual devemos nos deter. Em João, Jesus enfatiza os aspectos intracomunitários do perdão. Em Mateus, o perdão não se restringe à comunidade. A oração que Jesus ensina parece requerer que perdoemos indiscriminadamente, sendo a pessoa nossa irmã em Cristo ou não. Claramente, a ética para além da comunidade presente nesse trecho pode ser observada na própria crucificação de Cristo: "Pai, perdoa-lhes, pois não sabem o que estão fazendo" (Lucas 23.34 — NVI). O exemplo impactante de Jesus reverbera na execução de Estêvão, que, durante seu apedrejamento, repete frase similar: "Senhor, não os consideres culpados deste pecado" (Atos 7.60b — NVI).

É evidente que não é fácil manifestar esse tipo de perdão. Precisamente por isso, a oração é mais do que necessária. Parece claro que alguém como Estêvão só é capaz de exercer o perdão ao ser executado porque ama profundamente seus executores. Só somos capazes de amar profundamente porque Deus assim nos amou primeiro.

É necessário afirmar também que o perdão incondicional não exclui medidas importantes de preservação do indivíduo prejudicado ou da comunidade prejudicada (cf. 1Coríntios 5; 3João). E aqui, novamente, a oração tem papel fundamental para que se busque sabedoria no proceder em cada caso específico.

Resumindo, o nosso relacionamento com Jesus, que nos amou profundamente a ponto de entregar-se por nós como sacrifício no Calvário, deve ser povoado por palavras de unidade, envio missionário e revelação do amor divino. Se você prestou atenção a cada etapa dos argumentos, perceberá que

doutrina e devoção

a conexão entre esses três elementos é de retroalimentação. Perdoamos porque amamos. E, ao perdoarmos, priorizamos a unidade e revelamos o amor de Deus ao mundo, num exercício missional. Ao amarmos as pessoas, enviamos missionários, estabelecendo com esses obreiros uma unidade que transcende os limites geográficos, levando o perdão de Cristo aos confins da terra e restaurando comunidades ao redor do globo, de modo a revelar, assim, o amor divino.

Evidentemente, orar por essas coisas não é uma doutrina exaustiva das orações de Jesus, mas, se alguém me perguntasse, eu diria que é um excelente lugar para começar.

capítulo 8

Doutrina e devoção em Jonathan Edwards

CAROL BAZZO[1]

Jonathan Edwards nasceu no início do século 18, nos Estados Unidos, e foi um dos pregadores protagonistas do Grande Despertamento, junto com John Wesley e George Whitfield. Ele é conhecido como "o último puritano", é famoso pela pregação "Pecadores nas mãos de um Deus irado" e admirado por grandes pregadores, como Martyn Lloyd-Jones, John Piper e Tim Keller. Eu conheci a história de Edwards em 2017, quando tive uma aula especial sobre a teologia desse pregador puritano na pós-graduação. Até então, conhecia apenas o Edwards firme das "70 resoluções" — um documento escrito por ele mesmo na sua juventude no qual estabelecia os alvos para viver uma vida mais piedosa.

Na minha estante de heróis da fé, ele ocupava a prateleira dos mais certinhos, organizados e focados. Depois, aprofundando mais em sua vida e obra, eu conheci um Edwards de muitas faces. Ele havia sido teólogo, pastor, filósofo,

....

[1] Carol Bazzo é esposa de Angelo Bazzo e, recentemente, mãe dos gêmeos Miguel e Gabriel. Formada em Jornalismo, é professora de História da Igreja há quase dez anos e mestranda em Teologia Histórica no CPAJ (Centro de Pós-Graduação Andrew Jumper). Atualmente trabalha na direção da Escola Convergência e auxilia seu marido no Movimento Convergência.

doutrina e devoção

missionário, escritor, avivalista, um bom pai de família, além de um excelente pregador e dono de uma mente brilhante. Não era à toa que Lloyd-Jones o considerava um gigante, ao lado de nomes como Agostinho e o apóstolo Paulo.

As diversas facetas de Edwards me impressionaram e, em pouco tempo, suas obras se tornaram alvo dos meus estudos. Logo que comecei a ler seus livros e sermões, mais uma vez fui surpreendida. Aquele teólogo de mente lógica, racional, argumentação impecável, aliada a uma personalidade pacata e séria, deu lugar a um teólogo enamorado, cheio de fogo e de doçura. Aqui está um bom exemplo de alguém na história que não divorciava doutrina e devoção.

Para Edwards, o cerne da religião (em outras palavras, o cerne da espiritualidade) consistia em afetos. Para ele, afeto não era o mesmo que emoção. Como ele define em sua obra *Afeições religiosas*, "afeições são os exercícios mais vigorosos e práticos da inclinação e da vontade humana". Não que Edwards fosse contra as emoções, muito pelo contrário. As emoções, para ele, compunham uma belíssima parte da vida cristã. E, em sua defesa, ele nos lembra que o próprio Deus se apresenta diversas vezes nas Escrituras como um Deus dotado de emoções. De modo semelhante, os grandes protagonistas do Antigo e do Novo Testamento (Abraão, Davi, Paulo etc.) se mostraram homens cheios de emoções e expressões em seu relacionamento com Deus. Mas, quando fala de afetos, Edwards não está reduzindo isso apenas a puro emocionalismo. Emoções podem ser passageiras, mas as afeições mexem com as fontes do nosso ser e por isso nos modificam. Elas ocupam posição central e duradoura em nosso viver. Edwards entende que afeição é algo profundo e abrangente, é aquilo que envolve nossa mente, nosso coração e nossa ação.

O contexto em que Edwards escreveu sobre as afeições tem muito a nos ensinar. Enquanto era pastor na cidade de

Northampton, ele experimentou períodos de grandes despertamentos e viu sua cidade ser transformada pelo agir de Deus. Pessoas frias e distantes da verdadeira devoção foram atraídas ao Senhor, confessaram seus pecados e foram transformadas. Jovens abandonaram a vida de pecado, e famílias inteiras passaram a se interessar mais pela fé. Os cultos estavam cheios, reuniões de oração aconteciam espontaneamente e o número de convertidos aumentava. Não se pode deixar de mencionar que pessoas choravam, riam e, até mesmo, caíam no chão. Edwards presenciou um avivamento em sua congregação e em sua cidade. Mas ele também viu o avivamento acabar e muitas daquelas pessoas, que antes estavam envolvidas naquele grande despertar, voltaram aos seus maus caminhos.

Diante das críticas de que aquele teria sido um falso despertamento (com muito entusiasmo e pouca racionalidade), Edwards se posicionou a favor do avivamento e produziu uma série de obras que o consagrariam não apenas como um bom teólogo, mas também como um bom teólogo do avivamento — separando, biblicamente, o joio do trigo em termos de avivamento e verdadeira espiritualidade. Ele também conseguiu perceber que é possível às pessoas agirem como se estivessem debaixo da obra do Espírito Santo, sem, na verdade, o estar. E o mais importante: desenvolvendo uma espécie de anatomia da espiritualidade, ele concluiu que a verdadeira espiritualidade não é apenas emoção ou apenas razão (ou ainda, somente ação).

As confusas circunstâncias enfrentadas por Edwards após o avivamento não são muito diferentes das nossas. Ele testemunhou um grande despertar que, apesar de verdadeiro e de ter seus frutos, sofreu com a inevitável confusão e a mistura de pessoas não convertidas em seu meio. Não é um privilégio da nossa época haver crentes que querem dedicar-se exclusivamente à oração, a expressar suas emoções, enquanto outros

doutrina e devoção

optam mais pela doutrina, pelo estudo e pela racionalidade. Esse tipo de mentalidade já existia no tempo de Jonathan Edwards. E boa parte do seu trabalho literário e pastoral pós--avivamento foi exortar a igreja de que uma espiritualidade dividida não é uma espiritualidade real.

Edwards considerava o estudo das Escrituras essencial para nutrir a paixão devocional:

> *Portanto, não pode haver amor sem conhecimento. Não é de acordo com a natureza da alma humana amar um objeto que é totalmente desconhecido. O coração não pode ser colocado em um objeto sobre o qual não há ideia no entendimento. As razões que induzem a alma a amar devem primeiro ser entendidas, antes que possam ter influência razoável sobre o coração.*[2]

> *Para isso, ministros devem ser diligentes nos seus estudos, e no trabalho do ministério; dedicando-se inteiramente a isso [...] E particularmente os ministros devem estar muito familiarizados com as Sagradas Escrituras; são a luz pela qual os ministros devem ser iluminados e são o fogo pelo qual os seus corações e os corações dos seus ouvintes devem ser acesos.*[3]

Acerca de teologia, disciplina do estudo e pregação, Edwards é considerado um gigante. Grande era o seu amor pela Palavra e forte era sua dedicação ao ministério de ensino e exortação. Ian Murray, ao escrever a biografia desse eminente pregador, conta-nos que Edwards ocupava-se por treze horas diariamente em seu escritório. Seus sermões de domingo eram fruto de muito labor, lendo e escrevendo exaustivamente. Mas o que poucos sabem é que, nessas treze horas diárias, como diz Murray: "Ele procurava fazer

....

[2] EDWARDS, Jonathan. Trecho do sermão "The Importance and Advantage of a Thorough Knowledge of Divine Truth" (1739). [Tradução de Carol Bazzo]
[3] MURRAY, Ian H. *Jonathan Edwards: uma nova biografia*. São Paulo: PES — Publicações Evangélicas Selecionadas, 2015. p. 174.

do seu próprio escritório um santuário, e quer persistindo na Escritura, quer preparando sermões ou escrevendo em seus cadernos, ele trabalhava como um adorador".[4] Além de estudo e leitura das Escrituras, Edwards tinha horários fixos de oração (muito provavelmente em voz alta), solitude, meditação e jejum. A relação entre doutrina e devoção fica muito clara em sua definição sobre oração:

> *A oração não é uma busca mística pelo desconhecido; é uma resposta ao Deus que fala na Escritura, o Deus que age pessoalmente na vida do seu povo.*

Além disso, Edwards era incansável em falar que a verdadeira religião consistia no deleite em Deus. Um tema constante de seus sermões era o lugar da contemplação, o qual conduzirá o crente a experiências de amor, alegria, prazer e conforto celestial.

> *O homem piedoso sente um prazer indescritível ao pensar que Deus, governador do mundo e o Ser mais excelente, o ama e é seu amigo. Que alegria os homens sentem às vezes no amor de seus semelhantes, por considerá-los excelentes! E podemos ser tão tolos a ponto de pensar que existe alguma comparação entre isso e o deleite que os piedosos sentem ao pensar que Deus é seu amigo, sim, que ele os ama com muito amor, se entregou a eles, e o gosto? (...) É muito doce contemplar, com os santos, a beleza, e desfrutar o amor de Cristo, o Mediador. Ele lhes parece o mais bonito de todos no mundo; ele é para eles como a rosa e o lírio, como um feixe de mirra; o amor é uma doce fragrância. Ninguém pode dizer o poder dessa alegria que eles sentem pela consideração de que uma pessoa tão amável os ama, a fim de dar sua vida por eles.[5]*

──────────

4 Ibidem, p. 173.
5 EDWARDS, Jonathan. Trecho do Sermão "The Pleasantness of Religion (1723)". [Tradução de Carol Bazzo]

doutrina e devoção

A esposa de Edwards, Sarah, fez parte da lista de testemunhos de pessoas que foram transformadas no período do avivamento. Suas experiências (independentemente de ter havido ou não manifestações físicas em seu corpo) retratam uma profundidade de prazer e deleite na alma, além de fortes emoções, que se comparam aos relatos dos antigos místicos da história da igreja. Como ela mesma relatou, em 20 de janeiro de 1742:

> *Comovida e dominada pela doçura dessa certeza, comecei a chorar muito [...] A presença de Deus era tão próxima, e tão real, que eu mal parecia ter consciência de qualquer coisa...*[6]

Edwards nada tinha contra sentir emoções (alegria, tristeza ou expressões como choros, risos e até mesmo reações corporais). Ele só não as considerava elementos autenticadores de santidade ou de espiritualidade madura. Afinal, é possível alguém chorar, rir, cair e levantar do chão mesmo sem ser verdadeiramente convertido. Mas, para ele, as emoções estão presentes em uma vida de devoção. Ele mesmo experimentava frequentemente momentos de profundo deleite, fruto da contemplação de Cristo e sua obra. Momentos como os que ele descreveu como uma sensação de "ardor na alma" ou quando descreveu o dia em que experimentou tamanha revelação da excelência do evangelho que pareceu doce ao seu paladar espiritual e extremamente agradável. Na ocasião, Edwards irrompeu em lágrimas e emitiu um tipo de pranto tão altissonante que foi preciso fechar as portas de seu aposento.

Mesmo sendo um homem das letras, Edwards também era um homem das lágrimas. Para ele, a verdadeira espiritualidade

....

6 MURRAY, Ian H. *Jonathan Edwards: uma nova biografia*. São Paulo: PES — Publicações Evangélicas Selecionadas, 2015. p. 228.

é dotada de harmonia, ou, em suas palavras, "de uma bela simetria e proporção entre as afeições". O verdadeiro .crente é aquele que tem uma vida bela, uma vez que tem a beleza da santidade transmitida por Deus. E essa santidade é, de modo geral, graciosamente equilibrada. Não é mais emoção e menos razão. Nem é mais ação e menos emoção e razão. É emoção, razão e ação caminhando juntas no caminho da santidade.

O verdadeiro cristão não pode ser alguém que só ora e despreza o conhecimento das Escrituras. Ou alguém que se diz amante da teologia, mas que não nutre uma vida de oração apaixonada. Ou ainda daquele tipo que se dedica inteiramente a alimentar os pobres, mas que despreza o valor das Escrituras e não se dedica à devoção. Também não pode ser aquele tipo de pessoa que ama a Deus, mas não ama o próximo; ou que é devoto na igreja, mas um cônjuge péssimo no lar. Apesar de considerar que, nesta vida, não há afetos perfeitos nem um perfeito equilíbrio entre nossos afetos, Edwards entendia que essa desproporcionalidade sinalizava falsas afeições e falsa espiritualidade.

Nessa maneira de Edwards perceber a espiritualidade, evidencia-se seu senso estético. Para ele, a vida cristã é como a pintura de um grande artista que não é composta de uma única cor ou um único traço repetido incansavelmente sob uma tela. É um quadro com inúmeros traços, diferentes cores e variadas texturas, que, ao final, formam uma bela e fascinante imagem. Assim é a vida do cristão: uma santidade tão bela e curiosamente harmoniosa que expressa a glória de Cristo, atraindo e embelezando o mundo.

capítulo 9

Bonhoeffer sobre a comunhão dos santos e a igreja hoje

ALEXANDER STAHLHOEFER[1]

É natural que pessoas se reúnam por afinidades e, do ponto de vista do fenômeno social, a igreja de Cristo é uma reunião por afinidade. Temos afinidades porque compartilhamos credos, valores, além do uso de um linguajar próprio e de ritos que nos identificam como grupo. Tudo isso, naturalmente, promove certa coesão e algum senso de unidade. Mas seriam essas características observáveis aquilo que torna a comunhão cristã algo distinto de outras tantas uniões por afinidade?

Valores apregoados pela tradição protestante, como, por exemplo, trabalho, honestidade, seriedade, família, verdade e justiça, poderiam muito bem ser confundidos com ideais estoicos. Não por menos os estudiosos do Novo Testamento do século 19 viam no apóstolo Paulo uma espécie de filósofo grego. Isso, no entanto, faz-nos esquecer de nossas origens bárbaras falo como protestante —, quando da evangelização dos povos germânicos. Para eles, e talvez também para nós em certa medida, o ideal de honra e a necessidade de "pagar

----

1 Alexander Stahlhoefer é professor de História da Igreja, Teologia e Filosofia na Faculdade Luterana de Teologia e doutorando em Teologia Sistemática na Universidade de Erlangen, Alemanha. É *podcaster* no Bibotalk, esposo da Lu, pai da Ana, do Isaac e do Samuel.

doutrina e devoção

o preço" pelo que se faz definem muito do que pensamos teologicamente. Tanto é que moldamos nossos ritos e cerimônias tendo uma cultura específica como pano de fundo, ou você acredita realmente que nossos cultos protestantes se assemelham de alguma maneira aos que os discípulos celebravam no pátio de uma casa romana do primeiro século?

Será a comunhão cristã apenas mais um produto cultural circunscrito a determinada época? E quanto à fé desse grupo cultural? Seria ela, então, a marca distintiva dos cristãos? Se a fé for algo que o ser humano produz, algo como um salto no escuro ou ainda um apego emotivo a algo superior ou, ainda, se for a apreensão de ensinamentos e dogmas, então poderíamos dizer que mesmo a fé cristã encontraria paralelos como fenômeno religioso em outras "fés". Se assim fosse, a comunhão cristã careceria de uma marca distintiva. Sua existência poderia ser comparada, quanto às suas funções e aos seus fundamentos, a qualquer outra experiência comunitária transcendental em outro contexto.

Porém, a questão que precisamos responder é de outra ordem. Ela diz respeito à ação de Deus em criar uma comunhão humana e, sendo assim, é no seu âmago uma pergunta teológica. Podemos falar de uma comunhão cristã sem falar da ação de Deus em criá-la? O que caracteriza a união de pessoas de diferentes faixas etárias, diferentes entendimentos sobre sua relação com bens culturais e concepções políticas ou até mesmo sua pertença a diversos *millieus* de uma sociedade na Igreja Cristã?

O Credo dos Apóstolos ensina que nós cremos "na santa Igreja Cristã, a comunhão dos santos". A Igreja só pode ser objeto da nossa fé se o sujeito da nossa fé for aquele que cria e sustenta a Igreja. O Senhor da Igreja é o Cristo, morto e ressurreto. Por causa da obra de Cristo é que o seu evangelho pode ser para nós hoje o artigo fundamental sobre o qual a Igreja cai ou permanece, como ensinava Lutero. No entanto, vivemos numa época de profundo individualismo, inclusive na vivência da fé. A profusão de credos e a confusão teológica "bagatelizaram" temas fundamentais como, por exemplo, o batismo. Não é mais a profunda identificação com a morte e a ressurreição do Senhor (Romanos 6) o que define o batismo, mas a *experiência subjetiva* do descer às águas. Assim, repetem-se batismos conforme o gosto do cliente, seja por "não mais sentir o Espírito", seja por "não ser ortodoxo o suficiente". No culto moderno, o indivíduo se tornou senhor, e a igreja, sua serva. Quem é Cristo nessa Igreja?

Na busca por compreender a relação entre o indivíduo e sua fé e como se dá a relação deste com os outros indivíduos que compartilham a mesma fé em uma comunidade eclesial, analisaremos, em primeiro lugar, o conceito de pessoa sob a ótica de Dietrich Bonhoeffer. O teólogo e mártir alemão se ocupou em entender a igreja não só sob o ponto de vista sociológico, mas também empregando a ideia de *pessoa coletiva*. Em seguida, destacaremos o entendimento neotestamentário de *comunhão*. A partir dessas duas contribuições, identificaremos algumas consequências dessas constatações para as igrejas hoje.

1) O CONCEITO TEOLÓGICO DE PESSOA E A COMUNHÃO DOS SANTOS EM DIETRICH BONHOEFFER

Dietrich Bonhoeffer (1906—1945) publicou em 1930 a obra *Sanctorum comunio*, fruto de sua tese de doutorado, em que tematizou a comunhão dos santos sob uma ótica sociológica e teológica. Nessa obra, ele defende que a base das relações entre as pessoas está na **relação eu-tu**. Essa temática é de fundamental importância, tanto que o filósofo judeu Martin Buber divulgou uma tese sociológica de teor semelhante pouco antes de Bonhoeffer. No entanto, não há indícios de que Bonhoeffer tenha tido conhecimento da tese de Buber. Em sua obra, Bonhoeffer parte do relato da criação e do conceito de imagem de Deus no ser humano para estabelecer

doutrina e devoção

um conceito cristão de pessoa. Uma pessoa compreende a si mesma como um "eu" a partir do momento em que também compreende quem é o "tu". É importante dizer que Bonhoeffer não contrapõe o "eu" ao "outro", como propõe Lévinas. A ideia de alteridade pressupõe que o "outro" é fundamentalmente diferente, uma vez que cada ente tem existência própria e não compartilha uma essência universal. Bonhoeffer não pensa assim. Antes, ele estabelece uma relação entre dois iguais-diferentes. Ambos estão um de frente para o outro (Gegenüber). Esse ato de compreender o outro e de serem colocados frente a frente é ação de Deus, pois, uma vez que o ser humano é imagem de Deus, o "tu" humano é a imagem do "Tu" de Deus. As qualidades do outro, do "tu", encontram-se fundamentalmente no "Tu" divino. Aliás, o "tu" humano só tem essas qualidades porque lhe foram conferidas pela imagem de Deus nele. Porém, somente a ação do Espírito Santo é que torna possível alguém reconhecer o outro como "tu", e este, por sua vez, como imagem do "Tu" divino, além de reconhecer a si mesmo, o seu "eu", como igualmente dado por Deus.[2]

O ser humano está para Bonhoeffer, portanto, em constante processo de autodescoberta. Ele nunca está pronto e acabado, mas está num constante "vir a ser" até o momento escatológico, uma vez que a plena imagem de Deus restaurada no ser humano só será uma realidade na nova criação, muito embora já hoje sejamos nova criatura. O "já agora" em Cristo criado por essa relação "eu-tu", em que "tu" é o "Tu" de Deus (=Cristo) elimina a possibilidade de objetificação da pessoa. Isso garante a pessoalidade de cada indivíduo, uma

----

2 Bonhoeffer, Dietrich. *Sanctorum Communio*, p. 36-37; Green Clifford. *Human Sociality and Christian Community*. In: de Gruchy, John W: *Cambridge Companion to Dietrich Bonhoeffer*, p. 112ss.

vez que não apaga as características distintivas de cada personalidade num todo amorfo, muito menos a individualiza a ponto de absolutizá-la, como se cada indivíduo fosse um universo em si mesmo.

Dessa forma, a relação básica de todo ser humano é o eu-tu, e isso implica tanto o reconhecimento como a rejeição do outro.[3] A relação do ser humano com Deus se espelha, assim, na relação interpessoal, embora não se limite a esta. **A fé em Deus e a incredulidade se projetam para dentro da relação eu-tu.** O pecado, o não reconhecimento do "Tu" de Deus, ressurge como inimizade entre o "eu" e o "tu" humanos. Caim, não sendo capaz de matar a Deus, o objeto de seu ódio, assassina seu irmão, que representa, como imagem de Deus, o caráter do "Tu" divino.

A relação eu-tu encontra-se também espelhada na comunhão cristã, em que reconhecemos o "Tu" de Deus no "tu" do irmão e da irmã. Bonhoeffer se utiliza, nesse contexto, da ideia de Lutero de que, no amor cristão, não olhamos mais para o nosso interesse, mas para o interesse do próximo. A afirmação de Lutero está contida num sermão sobre a Ceia do Senhor, e isso é muito significativo para a citação escolhida por Bonhoeffer:[4] "Através do amor somos transformados em um outro, de muitos pedaços somos feitos um pão e um cálice, damos lugar à sua forma e assumimos uma comunhão".[5] Os paralelos com a teologia sacramental são evidentes. Muito embora Lutero viesse a criticar a doutrina da transubstanciação, ele utiliza aqui sua linguagem para afirmar que nós somos transformados em outro corpo. Da mesma forma, embora cada um receba apenas uma fração

....

3 Bonhoeffer, Dietrich. *Sanctorum Communio*, p. 37.
4 Bonhoeffer, *Sanctorum Communio*, p. 127-128.
5 WA 2, 750,32-34. [Ein Sermon vom Sakrament des Leichnams Christi und von den Brüderschaften. 1519]

doutrina e devoção

do elemento na Ceia, sendo muitas partes, porém feitos um só pão e cálice. A Ceia é alimento espiritual que nos confere a forma de Cristo e nos coloca em uma nova comunhão. Portanto, não importa mais o "eu", somente o "tu". O corpo de Cristo não é uma reunião de "eus" individualizados, mas um "nós" corporificado na comunhão. Em *Sanctorum communio*, Bonhoeffer aplica esse conceito de pessoa à Igreja. A Igreja é um grande "Eu" perante o absoluto "Tu". Mas não o absoluto "totalmente outro" de Karl Barth, que é uma espécie de "ele" despersonalizado, mas o outro "Tu", diferente de mim, diferente da Igreja, embora próximo dela, pois é ele quem chama a Igreja à existência pelo poder de sua palavra.

Bonhoeffer esclarece que essa comunhão corporificada, esse eu-coletivo, se apresenta em dois movimentos: estar-com-os-outros [*Miteinander*] e viver-para-os-outros [*Füreinander*]. O fundamento desses dois movimentos está no amor divino, que exerce sua autoridade enquanto serve. A diferença entre autoridade e poder está justamente no fato de que Deus serve ao ser humano enquanto o ama, e não numa relação de poder que obriga o ser humano ao ato de obediência. A obediência do ser humano é fruto de servir no amor de Deus e, portanto, é também uma resposta frente a autoridade divina.[6] Deus vem em Cristo para estar-com-os-outros e viver-para-os-outros, como indicam os nomes divinos *Iahweh* e Emanuel, e como demonstram a encarnação, o ministério, a morte e a ressurreição de Cristo. Por isso o amor é o maior mandamento: o amor a Deus em primeiro lugar, pois ele nos amou e serviu primeiro, e o amor ao próximo, como obediência e seguimento.

Estar-com-os-outros é definido por Bonhoeffer como algo dado às pessoas ao estar na comunhão dos santos. Como afirmado anteriormente em relação à citação de Lutero por

----

6 Bonhoeffer, *Sanctorum Communio*, p. 126.

Bonhoeffer, nós nos tornamos parte do corpo de Cristo por meio da fé e, desse modo, somos participantes do seu corpo, a Igreja. Outros exemplos extraídos de Lutero são o sofrimento e a morte do cristão, partilhados pela Igreja. Segundo Lutero, quando uma pessoa cristã sofre e morre, sofre e morre com ele também a Igreja. Não num sentido literal, mas no sentido de que também no último momento a Igreja se irmana no sofrimento e partilha dele. Além disso, a fé na ressurreição atesta que a morte não separa esse indivíduo da comunhão com Deus — e aqui podemos claramente ver que tanto Lutero como Bonhoeffer sublinham a noção de *ecclesia triumphans*. O sofrer e o morrer não fazem de uma reunião de pessoas a Igreja de Cristo; bem pelo contrário. É porque essa comunhão nasceu de Cristo, da sua Palavra, é que a Igreja pode sofrer e morrer junto com seu irmão. Nem mesmo a morte física desfaz a comunhão dos santos, pois esta não está fundamentada em qualquer outra realidade a não ser na obra daquele que criou a comunhão por meio da sua Palavra. O fator constituinte da comunhão cristã não é a experiência subjetiva do indivíduo nem a experiência interpessoal do grupo, mas o ato consumado de Jesus Cristo na cruz, em sua ressurreição e em seu reinado.

Nesse ponto da reflexão de Bonhoeffer, começamos a encontrar respostas à questão colocada logo no início: o que torna uma reunião de pessoas uma comunhão cristã? Em suma, é o fato de essa comunhão ter nascido da Palavra de Deus, do anúncio do evangelho, do poder de Cristo, morto, ressurreto e glorificado. O exemplo disso é a participação na Ceia do Senhor e, ao tomar parte dela em fé,[7] somos corpo

---

[7] Também a Ceia não pode ser vista como um rito *ex opere operato*, mas como um sacramento, cf. Agostinho: "Adiciona-se a Palavra ao elemento, então se faz sacramento. Este mesmo é então palavra visível". AURELIUS AUGUSTINUS, In: Evangelium Ioannis Tractatus 80,3.

de Cristo, a comunhão cristã.

A partir do pressuposto de que a comunhão cristã nos foi dada em Cristo, também é estar-em-Cristo e por conseguinte estar-com-os-outros. Disso, seguem-se duas consequências: (a) Cristo é a medida e o padrão da conduta dos membros do seu corpo (João 13.15, 1João 3.10); (b) a conduta da pessoa cristã será aquela de um membro do corpo de Cristo, equipado com a força do amor de Cristo, em que cada membro tornar-se-á como Cristo para o seu próximo (1Coríntios 12.12; Romanos 12.4ss; Efésios 4.4; Colossenses 3.15)[8]. Justamente aí é que se dá o viver-para-os-outros.

Uma vez analisado o conceito de pessoa em Bonhoeffer e no que consiste a comunhão cristã na sua ótica, temos de verificar a validade dessa reflexão sob o ponto de vista da exegese bíblica. Para tal, faremos uma análise do conceito de *koinonia*, especialmente em Paulo, no qual ele é mais frequente, mas também através de seus cognatos em outros autores neotestamentários.

2) ANÁLISE BÍBLICA DO CONCEITO DE *KOINONIA*

Chris Wright, ao falar sobre planejamento financeiro, afirma que o conceito de *koinonia* pode ser definido como "compartilhar *no* e compartilhar *o* que Deus nos tem dado".[9] A definição pode parecer simplista e pragmática, pensada para algum tipo de folheto que convença as pessoas a ofertar mais à igreja. No entanto, a formulação de Wright tem a grandeza de reunir duas realidades do conceito de *koinonia* que precisam caminhar juntas. Uma dimensão é a participação nos sofrimentos e na vida do outro. A segunda dimensão é

---

8 Bonhoeffer, *Sanctorum Communio*, p. 129.
9 Wright, Chris. "O dom da prestação de contas. In: Stott, John, Wright, Chris: *A graça de contribuir*, p. 54. (grifo no original).

a participação no corpo místico de Cristo. Sobre essas duas realidades, explanamos a seguir.

O termo grego κοινὸς tem o significado de "comum", "comum entre alguns", "comum a algo/alguém" ou "simples". Nessa perspectiva, o primeiro sentido de κοινωνια que precisamos explorar é o da fé em comum, uma vez que o termo grego significa "comunhão" ou "participação em algo". Essa definição nos remete à realidade do estar-em--Cristo de Bonhoeffer.

> *[A] fórmula [...] é muito comum no corpo paulino [...]. Ela pode ter um significado local, no sentido do adjetivo "cristão" (1Coríntios 7.39; Gálatas 1.22; Romanos 16.7,11), ainda no sentido local significa pertença ao corpo de Cristo (Romanos 12.5; Gálatas 3.28; 5.6). Kümmel afirma que em todos estes casos "em Cristo" aponta uma ligação dos cristãos com o evento salvífico, escatológico e à comunidade cristã fundamentada pelo Cristo. Dessa forma, a preposição "em* **muitas vezes não tem um sentido local, mas faz referência à relação entre o cristão e Cristo.** *Nesse sentido, encontramos referência à nova criação: "se alguém está em Cristo, é nova criatura" (2Coríntios 5.17, conforme também 1Coríntios 1.30; 1Tessalonicenses 3.8). A nova vida está fundamentada no estar "em Cristo" (Romanos 6.11; 2Coríntios 5.31). Paulo também exorta os crentes "em Cristo" (Filipenses 4.1; Romanos 16.1). Para o apóstolo, a fé e a salvação estão fundamentadas "em Cristo" (Romanos 8.1; Filipenses 3.14; Gálatas 3.26).*[10]

Justamente nessa dimensão de comunhão na fé é que o termo κοινωνια aparece na expressão "comunhão do Espírito" (κοινωνια πνευματος), presente em 2Coríntios 13.13 e Filipenses 2.1. Segundo James Dunn, a comunhão do Espírito seria a experiência subjetiva compartilhada por cada

----

[10] Stahlhoefer, Alexander B. "Análise exegética de Filipenses 3.12-16". In: *Vox Scripturae*, XV, 2 (2007), p. 28-29. (Grifo nosso)

doutrina e devoção

cristão de estar participando do mesmo espírito.[11] Por outro lado, Craig Keener compreende a expressão a partir da função do genitivo subjetivo.[12] A comunhão do Espírito é criada pela ação do Espírito. Sem dúvida, não é possível falar de vida cristã sem remeter à ação do Espírito Santo. Há, sim, uma experiência subjetiva da fé compartilhada pelos indivíduos, porém ela não constitui a base da comunhão cristã, que está fundamentada na comunhão na morte de Cristo, conforme Filipenses 3.10. Segundo Gerhard Barth, é "a participação no sofrimento e na morte que nos transmite a salvação".[13] Ou seja, a comunhão com Cristo se apresenta na forma da participação em sua morte e ressurreição, bem representada pela figura paulina do batismo na morte e ressurreição em Romanos 6.3-11. O significado da cruz de Cristo é atualizado na vida da pessoa por meio do batismo, o qual configura a representação da morte da pessoa para a velha vida pecaminosa. A ressurreição é, também no batismo, antecipada como anúncio da justificação dos pecados e da vida para Deus. Seguindo a argumentação de Paulo no mesmo capítulo, a nova vida em Cristo exige a oferta gratuita de si mesmo não mais ao pecado —, mas a Deus, como instrumento de justiça. A participação (κοινωνια) na morte e ressurreição de Cristo nos coloca em uma nova relação com o nosso semelhante. Participamos agora da comunhão no corpo de Cristo (1Coríntios 10.16).

Outro modelo da comunhão cristã utilizado por Paulo é a Ceia do Senhor. Ela é a celebração do estar-em-Cristo comunitariamente. Essa coparticipação, porém, não é uma mera reunião fraternal, um simples comer e beber; é a expressão

---

11 Dunn, James. *A teologia do apóstolo Paulo*, p. 634.
12 Keener, Craig. *1 and 2 Corinthians*, p. 247.
13 Barth, Gerhard. *A carta aos Filipenses*, p. 69.

da participação no corpo, que é a totalidade dos santos como organismo. De forma interessante, as imagens neotestamentárias para a igreja são geralmente ligadas à vida (casa, edifício, videira, rebanho, corpo, noivo-noiva) e não podem ser confundidas com as imagens criadas para a igreja a partir da virada tecnicista no século 16. Uma vez que a comunhão cristã tem caráter orgânico e vivencial, Paulo pode alertar os coríntios quanto ao problema do jugo desigual. A pessoa cristã deve cuidar para não comungar de posições fundamentais de pessoas que não estão na comunhão cristã. Não é por menos que Paulo, escrevendo aos coríntios, evoca a ideia da comunhão que temos com o Filho de Deus (1Coríntios 1.9). Fato é que essa comunidade sofria com divisões e rixas internas motivadas pela predileção a certos líderes e conflitos de interesse ou até mesmo egos inflamados. Essas diferenças destruíam a expressão externa da comunhão interna do Espírito. Se os indivíduos compartilham o mesmo Espírito, foram batizados no mesmo Cristo e comungam da mesma Ceia e, portanto, atestam uma comunhão interna do Espírito, então isso deveria mostrar-se na comunhão em sua expressão externa ao "falar a mesma coisa" e ter a "mesma disposição mental" (1Coríntios 1.10). Se em Corinto não havia participação verdadeira na fé e no evangelho, tal participação também não poderia ser demonstrada pelos atos da comunidade. Essa é a razão pela qual Paulo necessita por duas vezes escrever a essa igreja, chamando a atenção para essas incoerências. Aliás, os problemas vividos pela igreja de Corinto parecem não ter sido solucionados tão rapidamente, pois, em torno de 80—90 d.C., o então bispo de Roma, Clemente, escreve àquela comunidade e refere-se novamente a problemas causados pelas mesmas divisões internas.

Em outro escrito paulino, a carta a Filemom, é utilizado o vocábulo κοινωνια para se referir ao seu companheiro na obra e à comunhão na fé que eles mantêm entre si. Segundo

doutrina e devoção

Keener, o fato de Filemom ser um participante da obra do evangelho demonstra em ações a comunhão de fé que eles comungavam. Paulo busca fomentar, através da prática de ofertas, essa mesma comunhão de fé.

Já em Romanos 15.26, Paulo sugere que seja feita certa *comunhão* para os pobres. Que tipo de comunhão poderia ser essa, senão a de se unirem para angariar recursos em auxílio aos irmãos na fé? O assunto volta com força em 2Coríntios 8.1-15, em que o termo κοινωνια é traduzido como *participar* da coleta. Em seguida, Paulo afirma que a contribuição financeira (κοινωνια) dada em generosidade é louvor a Deus! (2Coríntios 9.13.) Essa oferta, além de suprir a necessidade de irmãos, é serviço (διακονια), adoração (δοξα), e promove a unidade dos cristãos, pois os que estão sendo ajudados oram pelos que estão ofertando (2Coríntios 9.14).

Portanto, como afirma James Dunn, o estar em Cristo "torna-se o ponto de partida e a base para uma vida de motivação e orientação totalmente diferente".[14] Também Gerhard Barth aponta que o estar em Cristo representa uma mudança de disposição e de atitude do cristão. Para ele, os filipenses "não tinham demonstrado apenas uma atitude de consumidor, mas se engajaram muito ativamente em prol do evangelho".[15] Isso se mostra claramente na atitude da igreja em encaminhar as ofertas (Filipenses 4.10ss), bem como na sua preocupação com o apóstolo Paulo. O próprio hino cristológico em Filipenses 2.5-11 é precedido por uma cláusula condicional: "Se há comunhão do Espírito" (v. 1), então há a "mesma atitude de Cristo" (v. 5 — NVI).

Além dessas observações oriundas do *corpus* paulino, é possível perceber que também na obra lucana há indicação

....

14 Dunn, James: *A teologia do apóstolo Paulo*, p. 471.
15 Barth, Gerhard, p. 16.

de uma unidade entre comunhão em Cristo e participação na vida cotidiana. Em Atos 2.42, lemos que os cristãos estavam unidos na doutrina, praticavam a comunhão, comungavam à mesa e mantinham orações em conjunto. Conforme Justino Mártir[16] e o Didaquê,[17] era prática da igreja primitiva reunir-se diariamente para ouvir a mensagem dos apóstolos, para uma refeição conjunta, para entoar hinos, para orar em conjunto e para reunir ofertas. As refeições conjuntas sempre fizeram parte da prática de Jesus e das práticas das culturas mediterrâneas. Era um símbolo de proximidade e de intimidade. A diferença, porém, entre um banquete romano e um banquete cristão, é que neste último as conversas espirituais, a oração, a exortação e os hinos de louvor estavam mais presentes do que as conversas triviais. Ou seja, não era a afinidade de assuntos, de gostos ou de costumes que unia os cristãos, mas o fato de terem vivido a conversão por meio do Espírito que os incluía em uma nova comunhão espiritual, que se demonstrava de forma prática nas reuniões de adoração, de oração e de estar à mesa, e que tomava forma concreta para fora através do serviço aos pobres nas ofertas.

3) CONSEQUÊNCIAS PARA A IGREJA HOJE

Precisamos de uma clara compreensão do significado de participar do corpo de Cristo. O individualismo faz com que a pregação direcionada a conversões limite o escopo da fé cristã a uma adesão individual. Com isso, não causa admiração o surgimento de um novo cristianismo cultural, não mais ligado ao liberalismo de Ritschl, mas fruto de um evangelicalismo que enfatizava demasiadamente a conversão sem um chamado ao discipulado comunitário. Sem clareza do evangelho,

---

16 Justino Mártir, *I Apologia*, 65.
17 Didaquê IV, 2; XVI, 2.

doutrina e devoção

do discipulado e do seguimento de Cristo em comunidade não se é capaz de compreender a vivência bíblica do que é o corpo de Cristo e suas implicações práticas. Se toda pessoa cristã pertence ao mesmo Senhor, se comunga do mesmo Espírito e compartilha a mesma fé, então a consequência será a de que partilhará uma jornada conjunta de respeito às diferenças e de abertura para compreender o outro, de forma a alcançar a maturidade nos relacionamentos e, assim, ter uma só mente renovada em Cristo.

A prática da reconciliação em Cristo, segundo a confissão dos pecados e o perdão mútuo, é uma maneira de tratar desentendimentos, palavras duras e ações impensadas do passado e do presente. Esse é um desafio para nossos dias repletos de pastores impenitentes e insubmissos. A síndrome de Mark Driscoll[18] é mais comum do que muitos querem conceder. A igreja tem-se tornado lugar de sofrimento, mais do que de cura. Membros ferem pastores. Pastores infligem medo e dor nos membros. Essa não pode ser a imagem bíblica da comunhão dos santos. É fundamental que a comunidade cristã tenha a consciência de que é a comunhão do Espírito, que serve, adora e ama o mesmo Deus. E que, por causa do amor de Deus, deve empenhar-se em amar o próximo. Não importa mais o "eu", agora importa o "tu". Dessa maneira, a comunhão cristã conduz ao serviço, à diaconia, e através dela expressa-se o fato de que Deus está em Cristo reconciliando consigo o mundo. A comunhão reconciliada serve ao mundo em busca da sua reconciliação com Deus e com o próximo.

Isso se mostra, por exemplo, pela prática da oferta, que era o modo concreto como as igrejas fundadas nas missões paulinas

---

18 Pastor norte-americano que fundou a Igreja Mars Hill, alcançando grande sucesso como preletor, escritor e pastor. Sua igreja tornou-se uma das maiores dos EUA, porém seu autoritarismo e os métodos questionáveis levaram a igreja à ruína.

praticavam a comunhão e a diaconia. A igreja deve procurar maneiras de praticar a comunhão de forma concreta também hoje. Lembrando a frase de Wright, comunhão significa "compartilhar *no* e compartilhar *o* que Deus nos tem dado". Se já está claro que participamos da mesma fé, do mesmo batismo, do mesmo Espírito, do mesmo Cristo, do mesmo Deus (Efésios 4.4-6), procuremos agora manter a unidade do Espírito no vínculo da paz (v. 3), o que requer da igreja humildade, paciência, mansidão e que haja suporte de uns aos outros em amor (v. 2). A Igreja faz isso porque é justamente para isso que Deus a chamou por meio do evangelho (v. 1).

capítulo 10

Doutrina e missão

DIEGO BITTENCOURT[1]

> *Assim como o Pai me enviou, eu os envio*
> (João 20:21 — NVI)

A conexão entre doutrina e missão é imperativa à fé cristã. Não há como encarnar o discipulado cristão sem conhecer a Palavra. Do mesmo modo, não há como ignorar que a Palavra nos aponta para o cumprimento da missão. Como dizia Charles H. Spurgeon, "todo cristão é um missionário ou é um impostor".

A MISSÃO COMO FIO CONDUTOR DA METANARRATIVA REDENTIVA

Missão é um assunto recorrente nas Escrituras, tanto no Antigo como no Novo Testamento. Juntamente com a temática do Reino, parece-me ser um dos fios condutores de toda a Bíblia Sagrada. Afinal, nosso Deus é, em si mesmo, um Deus missionário.

---

1 Diego Bitencourt é formado em teologia pela Calvary Chapel Bible College, bacharel em teologia pela Unicesumar, MBA em liderança e gestão de pessoas e doutorando em teologia missional pelo Missional Training Center/Covenant Seminary (EUA). É pastor titular da Igreja Calvary Campo (Campo Mourão/PR) e presidente do Calvary Impact Hub. Marido da Aline, pai do Noah e do Gael.

doutrina e devoção

Desde as primeiras páginas da Bíblia, somos apresentados a um Deus que deseja revelar-se à humanidade. Temos de lembrar que, nos dias de Moisés, o autor do livro de Gênesis, o povo de Deus se encontrava em meio a nações circunvizinhas pagãs e politeístas. A questão no Antigo Oriente Próximo não dizia respeito a um ateísmo clássico, mas, sim, à possibilidade de crer em inúmeras divindades. E não é por acaso que, já de início, esse Deus, em meio ao imaginário de tantos outros deuses possíveis, ou de falsos deuses, apresenta-se como o único Deus, criador dos céus e da terra e de tudo que neles há. O relato da criação nos é exposto e, então, já no terceiro capítulo da Bíblia, diante da Queda, somos surpreendidos por aquilo que os teólogos chamariam de "protoevangelho", ou seja, uma menção, uma espécie de antegosto das boas-novas, mesmo diante da sanção sobre a humanidade, devido à sua rebeldia contra Deus. Ao se dirigir à serpente, que havia enganado a mulher, esse Deus, que se revela como Criador, passa, desde o início, a se apresentar também como redentor, quando declara: "Porei inimizade entre você e a mulher, entre a sua descendência e o descendente dela; este lhe ferirá a cabeça, e você lhe ferirá o calcanhar" (Gênesis 3.15 — NVI). O que Deus estava afirmando é que o pecado e a consequente separação entre Criador e criatura não teriam a palavra final. O leitor de Gênesis 3 ainda não teria como discernir a plenitude dessa promessa, mas, a partir da revelação progressiva de Javé, ficaria clara a vitória de Deus sobre o tentador e o pecado. Eles não triunfariam, mas o próprio Deus interferiria definitivamente na história, arrogando para si a responsabilidade de redimir a humanidade do pecado, trazendo, assim, suas criaturas de volta.

Essa metanarrativa redentiva vai se descortinando bem diante dos nossos olhos. Ainda em Gênesis, vemos o primeiro assassinato, delito cometido por um irmão contra o outro. Vemos também a iniquidade aumentar, alcançando seu ápice no relato do dilúvio, tendo Noé como protagonista de uma redenção familiar. Até que chegamos a outro episódio crucial na narrativa das origens, a chamada torre de Babel. O ordenamento de Deus havia sido: "Sejam férteis e multipliquem-se! Encham e subjuguem a terra!" (Gênesis 1.28 — NVI), mas o que é visto em Babel é exatamente o oposto. Percebemos um movimento de resistência humana à vontade divina: "Depois disseram: 'Vamos construir uma cidade, com uma torre que alcance os céus. Assim nosso nome será famoso e não seremos espalhados pela face da terra'" (Gênesis 11.4 — NVI). Ali, Deus interfere, confunde-os através de diferentes idiomas e, então, frustra seus planos de poder e de tentativa de "alcançar os céus" pela força dos próprios braços. A humanidade ali representada é dispersa e, em sua dispersão, instala-se a confusão, e o projeto divino de manifestação de sua glória dá lugar a microprojetos autônomos encabeçados por uma humanidade desconectada de seu Criador.

Por que esse pano de fundo é importante e o que tem a ver com a temática *doutrina e missão*? Porque já na sequência, o capítulo 12 do livro de Gênesis, vemos que os planos de Deus permanecem os mesmos. Ele continua em missão, desejando redimir para si a humanidade, e decide fazê-lo a partir de um homem chamado Abrão. E essa construção da narrativa redentiva nos apresenta contornos interessantes. Por um momento, pode parecer que Deus desistiu da humanidade, mas é exatamente o oposto. Percebemos fluxos e influxos, nos quais instala-se o movimento do todo para a singularidade, para que, através de um único homem, brotasse um povo, e que através desse povo toda a humanidade fosse abençoada.

Em Gênesis 12, encontramos uma poderosa chave hermenêutica para a compreensão da identidade missional do povo de Deus:

doutrina e devoção

> *Saia da sua terra, do meio dos seus parentes e da casa de seu pai, e vá para a terra que eu lhe mostrarei. Farei de você um grande povo, e o abençoarei. Tornarei famoso o seu nome, e você será uma bênção. Abençoarei os que o abençoarem, e amaldiçoarei os que o amaldiçoarem; e por meio de você todos os povos da terra serão abençoados* (Gênesis 12.1-3 — NVI).

A família de Abrão se tornaria a resposta de Deus aos dispersos de Babel. Mas, afinal, qual é a identidade missional do povo de Deus aqui descrita através de Abrão?

O primeiro aspecto identitário do povo de Deus é "sair e ir". O tempo verbal descrito nesse texto aponta para o fato de que o chamado ao povo de Deus diz respeito a deixar a zona de conforto em prol de uma peregrinação rumo ao desconhecido, fruto da obediência simples àquele que comissiona e de absoluta fé nele. A questão não é para onde iremos ou como iremos chegar a esse lugar; diz respeito à convicção de que aquele que nos guia em meio à jornada é fiel. Por essa razão, o povo de Deus precisa compreender a si mesmo como um povo peregrino. Seja qual for o lugar por onde ele passar, compete-lhe revelar quem Deus é. Em suma, todo o restante do livro de Gênesis segue essa mesma realidade, seja através de Isaque, de Jacó (Israel) ou de José, que não apenas é usado por Deus para redimir a família de seu pai, como também é capaz de abençoar uma terra estrangeira como o Egito, glorificando a Deus em tudo o que faz.

O segundo aspecto identitário do povo de Deus, tal como visto a partir de Abrão, é seu chamado para abençoar. Perceba que Deus não declara que abençoaria Abrão pelo simples fato de meramente abençoá-lo; ele o abençoa para que Abrão se torne uma bênção. Assim, através de Abrão e de sua linhagem, a nação de Israel mudaria a realidade de todos os povos ou, como expresso em outras versões, através de Israel, "todas as famílias da terra seriam abençoadas". Obviamente, Deus não falava do que Abrão e sua família seriam capazes de fazer a partir de suas próprias potencialidades, mas já fazia referência ao Ungido, o Messias de Israel que viria para estabelecer redenção cósmica. O Messias é uma bênção não apenas para a salvação de indivíduos, mas também para a restauração de todas as coisas, incluindo a natureza criada.

Outro texto importantíssimo que também nos serve como chave hermenêutica para uma teologia missional[2] é a narrativa encontrada em Êxodo 19. A própria estrutura do livro de Êxodo é em si digna de nota e uma bela demonstração da missão de Deus na história. Vemos dois porta-vozes: um é Moisés, como porta-voz do grande "Eu Sou", e o outro é faraó, o porta-voz supremo das divindades egípcias. O Deus de Israel traz juízo, por meio de dez diferentes pragas, às divindades egípcias. Não se trata de mera demonstração de poder nem de crueldade, mas, sim, do atestado de que há um único e verdadeiro Deus, o Deus criador dos céus e da terra. Em Êxodo 1 a 18, vemos a narrativa da saída do povo, ocasião em que Deus o libertou da escravidão do Egito, para que pudesse prestar-lhe culto. Uma jornada da escravidão à redenção.

É nesse contexto que somos apresentados ao episódio narrado em Êxodo 19. O decálogo mosaico ainda não havia sido proferido, e o povo estava diante de Deus. Isso é muito importante na compreensão da redenção oferecida por Deus em Êxodo: inicialmente, Deus liberta seu povo e, somente então, os ensina a viver como nação redimida. Perceba que a lei não é premissa para a libertação, mas, sim, fruto da bondade de um Deus que deseja moldar o seu povo conforme a

----

[2] Missional é uma expressão cunhada há décadas e escolhida deliberadamente por este autor a fim de conceituar sua abordagem nesse capítulo. Uma distinção própria entre missão, missões e missionalidade será feita posteriormente.

doutrina e devoção

sua vontade, em benefício desse próprio povo. É exatamente nessa ocasião que o Senhor profere as seguintes palavras a Moisés, para que intermedeie junto ao povo:

> *Vocês viram o que fiz ao Egito e como os transportei sobre asas de águias e os trouxe para junto de mim. Agora, se me obedecerem fielmente e guardarem a minha aliança, vocês serão o meu tesouro pessoal dentre todas as nações. Embora toda a terra seja minha, vocês serão para mim um reino de sacerdotes e uma nação santa* (Êxodo 19.3-6 — NVI).

O chamado de Deus ao povo e a orientação de sua identidade missional, a partir desse texto, definem-no como um reino de sacerdotes, ou seja, representantes de Deus ao mundo, bem como um povo santo, separado. O missiólogos Michael Goheen e Lesslie Newbigin veem aqui um povo-modelo e uma comunidade-contraste. Em certo sentido, todo o Antigo Testamento é um desdobramento desses eventos. A pergunta que fica no ar é se Israel, de fato, se tornaria essa comunidade-contraste e uma luz para as nações. Infelizmente, sabemos que não foi o que aconteceu.

O plano de Deus, pelo fio condutor da missão, pode ser compreendido através de diversas expressões: o chamamento de um povo; a aliança com esse povo; leis para que esse povo soubesse viver de modo distinto em meio a outros povos da terra; o fracasso desse povo em carregar essa missão de comunidade-contraste; a promessa de Deus através dos profetas de que um dia ele agiria de modo decisivo para que o mundo caminhasse para a restauração; o envio do Cristo; o chamamento de "um novo Israel", agora formado por gente de toda tribo, raça, língua e nação [...] uma comunidade de pessoas restauradas por Cristo; e que esse povo se tornaria, pelo poder do Espírito, um sinal para o mundo através de palavras e ações, anunciando a todos que um dia Deus haveria de novamente trazer ordem ao caos.

Por essa razão, é fundamental que compreendamos a história bíblica como uma única grande história. A história de um Deus missionário que chama para si um povo para *colaborar* com ele no cumprimento de sua missão.

A IMPORTÂNCIA DA COMPREENSÃO DA HISTÓRIA BÍBLICA COMO A ÚNICA GRANDE HISTÓRIA

A Bíblia é muito mais do que apenas um livro religioso. Ela afirma, de modo impressionante, como nenhum outro livro religioso faz, contar a verdadeira história do mundo e da humanidade. Ela relata como o mundo começou, para onde a história caminha e, por consequência, o significado de tudo isso. Ela responde a grandes questionamentos filosóficos, como: de onde viemos, para onde iremos e qual é o verdadeiro sentido da vida. O alvo da história universal foi revelado e cumprido na vida, morte, ressurreição e ascensão de Cristo. E, se tudo isso for verdade, e nós sabemos que é, essa história abrangente demanda a sujeição da integralidade de nossa vida a essa verdadeira história do mundo real. Tal como uma peça épica, essa história é revelada através de seis atos progressivos: Criação, Queda, Restauração Iniciada, Restauração Cumprida, Missão da Igreja e Restauração Completada. A linguagem usada é a linguagem do Reino. Portanto, outra maneira de contar a história, nas palavras do Dr. Michael W. Goheen,[3] seria: (1) Deus estabelece o Reino — Criação; (2) Rebelião no Reino — Queda; (3) O Rei escolhe Israel — Restauração Iniciada; (4) A vinda do Rei — Restauração Cumprida; (5) Tornando conhecidas as notícias do Rei — A Missão da Igreja; e (6) O Retorno do Rei — Restauração Completada.

....
3 Michael W. Goheen, *The Gospel Dynamic — Exploring the Heart of the Christian Faith* (2020.)

doutrina e devoção

> *A história humanista secular, tanto em suas formas marxistas como capitalistas, relega a religião às esferas privadas e espirituais [...] a Bíblia se recusa a ser categorizada como religiosa nesse sentido estreito; ela declara ser a verdade pública para todos os povos em todos os tempos.*[4]

Portanto, é urgente que leiamos a Bíblia como uma única grande história, especialmente em uma sociedade ocidental pós-moderna, em que diferentes narrativas competem para moldar nossas vidas. Desde o Iluminismo, temos sido imersos em uma narrativa da sociedade ocidental que tem como objetivo último da história universal a prosperidade financeira e a satisfação pessoal, além de que alcancemos essa vida ideal através do potencial humano no avanço tecnológico e científico. Desde então, para muitos cristãos, a Bíblia passou a ser compreendida de modo fragmentado, sendo reduzida a pequenas porções de ensino sobre ética e valores morais. Faz-se necessária, então, outra história tão poderosa quanto essa (ou mais ainda), de modo a competir com a narrativa que a sociedade ocidental nos oferece. Entendemos ser a história bíblica a resposta, mas, para isso, é imprescindível que a percebamos como uma história unificada e abrangente.

A estrutura bíblica é essencialmente narrativa. Ao compreendermos a história bíblica, somos capazes de crer nela como autoritativa, reconquistando nossa consciência de identidade missional, enquanto enxergamos a nós mesmos como parte do grande plano redentor de Deus. Também somos capazes de nos engajar na cultura, ao mesmo tempo que resistimos às suas pressuposições idólatras. A vida humana é invariavelmente moldada por alguma narrativa. Desse modo, na condição de cristãos, cabe-nos urgentemente não apenas

....

4 Ibidem, p. 99.

compreender a história bíblica, mas também crer nela como verdade, absorvê-la, e estar imersos nela. A fidelidade do testemunho cristão nos tempos em que vivemos depende disso.

UMA DISTINÇÃO SEMÂNTICA NECESSÁRIA

Quando falamos de missão, uma distinção que se faz necessária é entre a missão de Deus e a missão da igreja. Ou mais do que isso, é preciso distinguir entre missão (singular) e missões (plural). Aquela tem proeminência sobre esta, pois a *"missio Dei"* é a missão do Deus trino, a qual, então, deve tornar-se a missão da igreja. Portanto, em essência, não é a igreja que tem uma missão, mas a missão que tem uma igreja. Como já dito no passado, a *missio Dei* consiste no Pai enviando o Filho, o Filho enviando o Espírito e o Pai e o Filho enviando a igreja através do poder do Espírito Santo. Ou, nas palavras de Newbigin,

> *enquanto missão é o chamado total da igreja em tornar conhecido o evangelho ao participar da missão de Deus, missões consistem no empreendimento particular na missão total da igreja, com a intenção primeira de trazer à existência a presença cristã em um meio no qual previamente não havia tal presença ou tal presença era ineficaz.*[5]

Um povo missional é aquele que compreende que não apenas deve enviar pessoas de modo a realizar missões transculturais, mas também que a igreja em si mesma já foi enviada por Deus a um mundo caído e desesperado. A igreja em missão é a aquela que discerne que cada discípulo de Jesus é um agente missionário na cultura, "assim como o Pai me enviou, eu os envio" (João 20:21 — NVI).

----

[5] Lesslie Newbigin, "Crosscurrents in Ecumenical and Evangelical Understanding of Missions", *International Bulleting of Missionary Research* 6, n. 4 (1982): 149.

doutrina e devoção

Ao refletir sobre a igreja, Lesslie Newbigin estabelece uma distinção fundamental entre dimensões missionais e intenções missionais, "porque a igreja é a missão, há uma dimensão missionária em tudo o que faz. Mas nem tudo que a igreja faz tem intenção missionária".[6]

Outro aspecto crucial para a concepção do que estamos chamando de igreja missional é a encarnação do evangelho. A melhor maneira de proclamar o evangelho na esfera pública é simplesmente vivê-lo. Nossas vidas, tanto individual como comunitariamente, devem despertar o interesse das pessoas ao nosso redor e suscitar questionamentos. O povo de Deus deve viver de tal maneira que se torne um prelúdio do mundo restaurado que ainda há de vir em plenitude. É uma nova ordem de vida em um novo ser, mesmo em meio a um mundo saturado de pecado e maldade. A igreja é uma comunidade de hospitalidade em uma cultura de egoísmo, de generosidade em um um mundo ganancioso, de amor em meio a uma cultura de ódio. E essas coisas podem e devem acontecer através da vida comunitária dos discípulos de Cristo e por intermédio do poder do Espírito.

A igreja missional é aquela que opera para além do clero, e não apenas aos domingos. Se, de fato, cremos no senhorio de Jesus Cristo em todas as áreas e esferas de nossa vida, viveremos nossas vocações em quaisquer lugares, incluindo nossos lares, na universidade e no mercado de trabalho. Quando nós, cristãos, compreendermos e retomarmos nossa vocação missional fundamentada na história bíblica, seremos capazes de cumprir plenamente a missão de Deus através de nossas histórias.

----

6 Lesslie Newbigin, *One Body, One Gospel, One World: The Christian Mission Today* (New York: International Missionary Council, 1958), p. 43-44.

JESUS E A MISSÃO

Quando Jesus inaugura seu ministério, à semelhança das palavras de João Batista, diz: "O tempo é chegado. [...] O Reino de Deus está próximo. Arrependam-se e creiam nas boas-novas!" (Marcos 1:15 — NVI). Em Jesus, a missão redentiva de Deus alcança seu ápice. Não apenas em sua encarnação, mas no que alguns teólogos chamariam de "Evento Cristo". Isso diz respeito à totalidade da missão de Cristo na terra, englobando encarnação, vida, ministério, morte, ressurreição e ascensão. Após caminhar com seus discípulos, realizar sinais e maravilhas, pregar as boas-novas com uma autoridade nunca vista e ressuscitar dos mortos, Cristo traz aos seus discípulos um de seus últimos mandamentos, como aquele descrito no Evangelho segundo Mateus, naquilo que tradicionalmente chamamos de a grande comissão:

> *Foi-me dada toda a autoridade no céu e na terra. Portanto, vão e façam discípulos de todas as nações, batizando-os em nome do Pai e do Filho e do Espírito Santo, ensinando-os a obedecer a tudo o que eu lhes ordenei. E eu estarei sempre com vocês, até o fim dos tempos* (Mateus 28.18b-20 — NVI).

Reflita sobre a densidade dessas palavras. O Cristo ressurrecto declara que recebeu toda autoridade nos céus e na terra. Como reagiríamos diante de tamanha afirmação? Talvez diríamos algo como, "ok, Jesus, então, já que o Senhor tem todo poder, por favor, dê um basta em todo esse caos, em toda injustiça, miséria e quaisquer outras mazelas da humanidade". Mas, diferentemente de algumas de nossas expectativas, inclusive frustrando seus próprios discípulos (ao menos em um primeiro momento), como veremos logo mais, Jesus simplesmente declara: "façam discípulos". No texto grego do Novo Testamento, o imperativo da frase não está no ir, mas no *fazer* discípulos. Seria algo semelhante a "Portanto,

doutrina e devoção

indo, façam discípulos!". A missão e o discipulado decorrem da nossa peregrinação por esse mundo. Uma igreja que sai e vai...

OS DISCÍPULOS DE JESUS E A MISSÃO

Os apóstolos também foram surpreendidos. Após terem passado quarenta dias com o Cristo ressurrecto ouvindo-o falar do Reino de Deus, a pergunta não poderia ser diferente: "Senhor, é neste tempo que vais restaurar o reino a Israel?" (Atos 1.6 — NVI). Em outras palavras, interessavam-se em saber se chegara o momento em que o Senhor destronaria Roma e resolveria todas as coisas. A resposta de Jesus certamente os abalou: "Não lhes compete saber os tempos ou as datas que o Pai estabeleceu pela sua própria autoridade. Mas receberão poder quando o Espírito Santo descer sobre vocês, e serão minhas testemunhas em Jerusalém, em toda a Judeia e Samaria, e até os confins da terra" (Atos 1.7-8 — NVI).

Os discípulos estão perguntando quando o Reino se manifestaria visivelmente, e Jesus está mostrando que essa pergunta está errada. Não é sobre quando isso vai acontecer, mas sobre quem, pelo poder do Espírito Santo, vai revelá-lo. Algo que posteriormente todos os apóstolos e aparentemente todos os discípulos de Jesus compreenderam. Aos cristãos do primeiro século, seria desnecessário fazer uso de expressões como "igreja missionária", "igreja missional" ou "cristãos missionários". Seria um pleonasmo absurdo (e ainda o é) para aqueles que jamais dissociaram doutrina de vida e missão. É claro que, como já abordado, algumas distinções se fazem necessárias para fins pedagógicos. No entanto, quando nos voltamos para o texto bíblico e para a igreja primitiva, deparamos com a missão como imperativo da vida cristã. Um exemplo digno de nota é o da primeira grande perseguição imposta aos discípulos que foi narrada por Lucas em Atos do Apóstolos. Após todos os discípulos serem dispersos de

Jerusalém, devido à perseguição iniciada por Saulo de Tarso, Lucas afirma: "Os que haviam sido dispersos pregavam a palavra por onde quer que fossem" (Atos 8.4 — NVI). Os inimigos da igreja pensavam estar fragilizando os discípulos de Cristo através de perseguição, aprisionamento e martírio, mas, como declarou Tertuliano, de Cartago, "o sangue dos mártires é a semente da igreja".

Deus nos deu o privilégio de sermos *co*laboradores em sua obra. A jornada de redenção de um Deus que interfere na história, encarna em meio à sua criação, redime um povo para si e derrama seu Espírito, para que esse povo redimido possa ser uma comunidade-contraste, sinalizando ao mundo o que ele fez, o que ele faz e o que ainda há de fazer na consumação dos tempos.

capítulo 11

Adoração apocalíptica e devoção integral

VICTOR FONTANA

> *E cantavam em alta voz:
> "Digno é o Cordeiro
> que foi morto
> de receber poder, riqueza, sabedoria, força,
> honra, glória e louvor!"*
> (Apocalipse 5.12 — NVI)

João é uma figura incômoda, tanto ao colocar o dedo na ferida das igrejas da Ásia quando do relato "tenho, porém, contra ti" como ao apresentar uma alternativa de adoração que fere a sociedade romana em todas as suas dimensões. Uma de suas fórmulas, Apocalipse 5.12, será nosso objeto de análise, com vistas a demonstrar como essa doxologia oferece uma maneira de compreender o mundo que desafia o Império Romano por ser seu inverso. Jesus é o avesso de César. Adorar o Cristo é viver na contramão de Roma. Se o argumento é verdadeiro, e nossa adoração é bíblica, isso significa que a nossa vida devocional deverá também, em alguma medida, andar na contracorrente dos impérios dos nossos dias.

Nas páginas que se seguem, pretendemos não apenas explicitar o caráter antagônico a Roma encontrado na adoração apocalíptica, como também demonstrar a extensão

doutrina e devoção

abrangente e integralizante da devoção que João exorta os cristãos de todos os tempos a adotar.

O exílio de João continua a ser apenas uma hipótese, ainda que bem plausível, conforme atestam os testemunhos escriturísticos subsequentes. João escreve o Apocalipse na ilha de Patmos — e não temos registros históricos que deem conta de que ela era usada para o fim de exilar pessoas. Ninguém é exilado por ser um cidadão inofensivo. Nenhum peregrino está satisfeito com as condições de sua terra natal. Se ficarmos apenas com o que o texto bíblico diz, João estava em Patmos "por causa da palavra de Deus e do testemunho de Jesus", talvez exilado[1] ou o que é menos provável, em peregrinação. De qualquer forma, esse apóstolo se apresenta como uma figura totalmente alternativa ao *status quo* romano.

Seja qual for o testemunho de Jesus presente na mensagem cristã que levou o autor de Apocalipse àquela ilha, ele foi levado por antagonismo ao Império Romano. Embora ainda não houvesse perseguição generalizada aos cristãos por parte de Roma, eventos localizados de sofrimento e abuso eram frequentes. De igual modo, a sedução da vida romana próspera fazia-se absolutamente presente. Todo cristão estava sujeito a desejar a fusão entre evangelho e cultura local, entre Jesus e idolatria, entre adoração a Cristo e adoração a César. Tanto pelos privilégios de fazer parte dela como para evitar eventuais conflitos com as autoridades, Roma era a grande sedução aos cristãos da bacia do Mediterrâneo no final do primeiro século.

Exilado ou peregrino, João ataca essa tentação sedutora. Ele escreve algumas das maiores ameaças a um sistema dominante,

....

[1] A Nova Versão Transformadora (NVT) traz "exilado" no corpo do texto, mas isso não consta no texto grego. A opção do tradutor segue o que faz a New Living Translation (NLT) americana, que assume como dado o fato de ser um exílio. Tal posição confia na tradição cristã primeva, especificamente no testemunho de Tertuliano.

próspero, intransponível, magnânimo. Entre elas, está o manejo de liturgias tipicamente romanas, mas substituindo César por Cristo. A proximidade temática e até mesmo estrutural entre os hinos escritos no Apocalipse e as composições imperiais chama a atenção. O estudioso Paul Touilleux lista expressões utilizadas tanto por João como por escritores romanos como Dião Cássio, Ovídio, Caio Valério Flaco, Marco Valério Marcial e, particularmente interessante para o nosso estudo, Estácio.

"Digno de receber poder" em Estácio é o imperador Domiciano, do fim do primeiro século — período em que foi redigido o Apocalipse de João. Entre diversos poemas de exaltação ao imperador, essa expressão aparece em uma ode pela conclusão de uma estrada que seria a conexão entre Roma e importantes portos por quatrocentos anos, a *Via Domitiana* (cf. Silvae IV, 3:130). Já em João, "digno de receber poder" é o Cordeiro que foi morto à beira de uma estrada, na periferia do mundo, por meio de um instrumento romano de execução: a cruz.

Estácio escreve a respeito de Domiciano: "Ele é um deus, e Júpiter ordena que ele governe a terra para os bem-aventurados; digno de receber as mais altas rédeas".

João, a respeito de Cristo: "Digno é o Cordeiro que foi morto de receber poder, riqueza, sabedoria, força, honra, glória e louvor" (Apocalipse 5.12 — NVI).

Há ainda Tácito (Anais 14.15) e Suetônio (Nero 20.13), que relatam passagens típicas de adoração ao imperador na corte, incluindo aclamações e altas vozes entoando-lhe cânticos, possivelmente canções similares a essa de Estácio. A visão joanina de Cristo entronizado apresenta um vislumbre semelhante, mas com Jesus no trono, e não César. Milhões de anjos cantando, e não centenas de bajuladores cortesãos.

O que dava testemunho do poder do império eram os palácios, a arquitetura, o mármore, o ouro, as esculturas clássicas. Era num ambiente assim que César recebia o louvor de

doutrina e devoção

seus súditos. A imagem que João observa é um tanto similar em forma, mas totalmente diferente em qualidade e conteúdo. A arquitetura que dá testemunho do poder de Jesus de Nazaré não é de um palácio construído por mãos humanas, mas o próprio cosmos que se desenrola como sua habitação. Nos céus, na terra ou embaixo dela, não há quem seja digno, exceto o que foi morto — e precisamente porque foi morto. O todo da criação é o seu palácio. Todas as criaturas existentes são seus súditos. Se no palácio imperial os servos oferecem aos oficiais do governo vinho em taças de ouro, junto ao trono de Cristo as taças estão cheias das orações dos santos e são servidas pelos seres viventes e anciãos, numa espécie de representação da corte celestial. Para cada honraria recebida por César, seja grande, impressionante ou duradoura, Cristo recebe outra, maior, ainda mais impressionante e eterna. Para cada servo de César, uma multidão de seres angelicais adorando a Cristo.

Se João não dissesse mais nada, a mera descrição da sua visão conforme ele a redige já seria suficientemente ofensiva ao império. A premissa básica do cenário, parafraseando o que gosta de dizer o teólogo britânico N. T. Wright, é que Cristo é o verdadeiro rei de quem César é apenas uma caricatura. Isso já coloca o autor de Apocalipse em maus lençóis frente às autoridades romanas. Mais do que questionar o poder de César, João o substitui por um homem que fora crucificado. Segundo os padrões sociais de Roma, isso significava trocar o mais honrado dos homens pelo mais humilhado entre eles. Ao despir o rei da roupa invisível que ele nunca vestiu, João, como a criança da fábula, está dizendo ao império, ao cidadão imperial e ao crente tentado a sucumbir aos valores romanos: "Vocês entenderam tudo errado". Pior: "Vocês entenderam tudo ao contrário".

A adoração apocalíptica é isso. É a celebração de que a ordem espiritual das coisas, a ordem divina e escatológica, é o contrário da ordem tirânica do nosso mundo. De alguma maneira, essa ordem inversa é implicitamente percebida no conteúdo da doxologia de Apocalipse 5.12.

Embora com algumas diferenças entre si, há ocorrências da combinação doxológica com os seguintes termos: poder, honra e glória. Chega a ser uma espécie de fórmula ou refrão, presente em 1Crônicas 29.11, Daniel 2.37 e fontes extrabíblicas como Filo de Alexandria (Ebr. 75). João não está introduzindo uma novidade, mas apelando para uma tradição já existente na cultura hebraica. Quando ele recorre a esses elementos em sua cultura no passado, ele o faz *em diálogo* com a cultura romana de seu tempo. A descrição dos céus abertos em sua glória e majestade se dá *em contraste* com o palácio imperial. E a compreensão do que significa cada palavra na doxologia se dá *em oposição* às concepções comuns da ideologia romana.

A disputa entre projetos similares é percebida bastante cedo na recepção da literatura apocalíptica. Em seu *Comentário a Daniel*, Hipólito percebe, já no início do terceiro século, como o cristianismo e Roma disputam espaço ao buscar "gente de todas as línguas e nações", Jesus Cristo "por meio dos apóstolos", César por meio dos "bem-nascidos" (cf. 4.9.1-2). Embora parecidos, os caminhos são muito distintos. De um lado, pescadores da Galileia são comissionados a chamar todos os povos a carregarem as próprias cruzes. De outro, nobres vivendo em prosperidade são chamados para convencer gente de toda língua a viver como os romanos por meio da demonstração de força militar e riqueza. Curiosamente, o chamado à cruz, à resistência, à resiliência foi o que permaneceu na História, e não a sedução do imperador. O caminho fácil e sedutor, mesmo abraçado por muitos, parece nunca durar demais e, rapidamente, os mais argutos encontram suas promessas vazias e superficialidades.

Quão deliberadas são essas oposições? Impossível dizer com certeza, mas o fato é que encontramos ideias

doutrina e devoção

diametralmente opostas ao comparar o entendimento do Novo Testamento e da propaganda imperial de cada palavra que compõe a doxologia. Em outras palavras, poder, riqueza, sabedoria, força, honra, glória e louvor são termos que deveriam significar aos cristãos algo totalmente diferente, e na verdade antagônico, àquilo que era dito em Roma. A relação de oposição talvez não ocupasse o primeiro plano na mente de João, mas era inevitável.

Cabe perguntar: se a nossa devoção segue o que João relata como adoração apocalíptica, nossas concepções sobre poder, riqueza, sabedoria, força, honra, glória e louvor não deveriam também desafiar os pressupostos do nosso tempo?

PODER

Falar em poder no primeiro século, como em boa parte da História, era falar em conflito militar. No contexto imperial, isso era especialmente verdadeiro desde o nascimento do regime. Roma havia sido uma República, com o Senado à frente das principais decisões até o surgimento do império. E isso se deu após uma guerra civil vencida pelo primeiro imperador, Augusto, responsável por um longo período de relativa paz, conhecida como *Pax Romana*, mantida pelo poder militar das legiões do império.

Domiciano, o imperador que mais nos interessa, por ocupar o trono no período em que o livro de Apocalipse é redigido, enfrenta um momento delicado na manutenção dessa paz. Pouco tempo antes de assumir o trono, ele havia visto o Império numa nova guerra civil, vencida por seu pai, Vespasiano. A instabilidade política era um tanto óbvia, e culmina com o assassinato de Domiciano, numa conspiração que põe fim à Dinastia Flaviana.

Enquanto reinou, Domiciano manteve os conflitos internos sob controle, expandindo as fronteiras do Império Romano, mas criando inimigos no processo. O resultado de uma liderança mantida com mão forte é o retrato negativo que ele recebe de Suetônio, Tácito e Plínio — em que pese serem narradores enviesados.

Tirano enlouquecido ou autocrata eficiente, Domiciano dá mostras do que é o poder imperial: enquanto for possível, manter a paz por meio da força militar e de demonstrações de capacidade em liderar o exército, contendo revoltas e expandindo fronteiras. Poder é conquistar e manter a paz entre os conquistados.

Para a comunidade de Jesus, da qual Jesus faz parte, o conquistado é precisamente aquele digno de receber poder. Mais que isso, o verdadeiro poder está em se deixar conquistar em benefício do próximo (Apocalipse 5.9). Claramente, o inverso da ideologia romana.

RIQUEZA

Resumidamente, a prosperidade romana se dava em torno de três eficiências: gestão militar, capacidade de arrecadação de impostos e administração da força de trabalho escrava. Não resta dúvida de que há méritos em fazer funcionar bem um sistema complexo que abrangia uma imensa extensão territorial. Também há pouca margem para questionar a natureza excludente de um sistema baseado em armas, tributos e escravagismo. Era riqueza para alguns à custa do trabalho pesado de muitos.

A tentação reside justamente aí. Se não houvesse virtude alguma a ser reconhecida no império, como sua propaganda seduziria? É a partir dos méritos verdadeiros que se omitem as mazelas existentes. Olhe para a riqueza, para a *Pax Romana*, para o avanço nas infraestruturas, nas estradas, nos aquedutos, olhe para a eficiência e a disciplina do exército. Enquanto Roma nos deixa boquiabertos com sua pujança, acabamos por esquecer os escravos, os marginalizados e os lavradores na periferia do mundo (Galileia?), pagando absurdos impostos para manter conforto e luxo na metrópole.

Enquanto isso, a comunidade do crucificado olha para o necessitado e faz dele sua prioridade (Atos 2.42-47). Ao contrário do que é imposto, celebra-se o que é voluntário (2Coríntios 9.7), e a dedicação de cada um não visa elevar as condições de vida de César ou do Senado, mas, sim, dar condições de vida a quem não tem. É Roma, só que do avesso.

SABEDORIA

Quando se fala em sabedoria na Antiguidade Clássica, as generalizações não são bem-vindas. Há que se reconhecer a heterogeneidade que os diversos sistemas filosóficos trazem, especialmente no primeiro século. Estoicos e epicureus certamente discordariam a respeito de quem é sábio, ou digno de receber sabedoria. É certo, entretanto, que a ideia de ressurreição era tolice aos olhos de boa parte dos membros de ambos os grupos (Atos 17.32). Sugerir que a sabedoria está em fazer-se um Deus presente por meio de uma encarnação e posteriormente uma ressurreição era novamente um desafio ao *status quo* romano.

FORÇA

Não é decepcionante se, a esta altura da leitura, você já esteja prevendo o próximo parágrafo. O padrão está posto. A força no Império está nas legiões romanas. O exército, suas táticas militares, o contingente e os armamentos são aquilo que constitui não apenas a força romana, mas também o que povoa o imaginário do Mediterrâneo quando se pensa nessa palavra.

O que dizer dos cristãos? Na fraqueza, somos fortes (2Coríntios 12.10). Centuriões romanos não são conquistados com lanças e espadas, mas com palavras (Atos 27 e 28), curas (Lucas 7.1-10) e acolhimento (Atos 10.1-35). Por onde as legiões passam, ficam as feridas. Quem cuida dos feridos? Aí sempre esteve a força do cristianismo verdadeiro.

HONRA

O cidadão romano se importa — como nós — com aquilo que os outros pensam. A imagem que o cidadão imagina que a sociedade tem dele: isso é a honra. Esse conceito está intimamente ligado à vingança nos primeiros séculos do império. A Lei de Adultério, promulgada por Augusto, em 17 a.C., é uma prova disso. A morte de filhas e esposas e de seus amantes era permitida no império — algo parecido com o que era chamado de legítima defesa da honra, aceita no Brasil ainda no início do século 20.

Ao afirmar que a honra pertence ao Cordeiro que foi morto, João desafia, radicalmente, o paradigma comum. Não há mais desejo de vingança. No lugar disso, "Pai, perdoa-lhes, pois não sabem o que estão fazendo" (Lucas 23.34 — NVI). Parte da adoração devocional do Apocalipse está em atribuir honra a quem perdoa. Mais uma vez, a crença comum de Roma é colocada à prova.

Claro, a vingança é apenas uma das formas de observar os códigos de honra no império. Outros elementos e exemplos também acontecem. Parte deles está relacionada à glória e ao louvor, como veremos a seguir.

GLÓRIA

É evidente que uma divisão como a que estamos fazendo entre honra e glória é meramente didática e extremamente artificial. Fato é que um dos elementos que constituíram o sucesso militar romano é a honra do combatente por meio de seus feitos de glória.

Quão perplexo ficaria o legionário, o decurião ou o centurião ao ouvir a comunidade de Jesus Cristo afirmar que participamos da cruz para participarmos da glória (cf. Romanos 8.17)? Ora, a cruz e seus sofrimentos não são apenas uma antítese das conquistas militares, mas também a maior demonstração de vergonha em todo o Império.

doutrina e devoção

LOUVOR

Entre as diversas formas de comunicação no Império Romano, a epígrafe está entre as mais relevantes. Andar por Roma na Antiguidade significava esbarrar em inscrições monumentais: decretos e leis, sendo ainda mais frequentes os epitáfios, as dedicatórias e os títulos honoríficos. Muitas delas ainda preservadas, as epígrafes eram o instrumento de louvor mais observável em qualquer grande cidade do Império. Talhadas em pedra, eram frequentemente palavras de elogio a alguma figura importante.

Provavelmente a epígrafe mais famosa da História foi produzida sob o regime imperial. Honorífica? Sarcástica. INRI, Jesus Nazareno, o Rei dos Judeus. Se não possuímos essa placa em material monumental, o registro do Evangelho de João (19.19-20) tornou a inscrição extremamente famosa. Se o Império Romano fazia questão de talhar em pedra os feitos de seus heróis e governantes, com um título de escárnio a comunidade de Jesus proclamava o verdadeiro ato heroico do governante do Universo. Ele é digno de receber louvor.

A DOXOLOGIA COMPLETA

Na sua forma final, essa sentença de adoração ao Jesus parece evocar tudo que importa na sociedade romana — e inverter absolutamente tudo. Política? A ideia de poder é invertida. Economia? A riqueza é o inverso. Filosofia? A própria noção de sabedoria é colocada em questão. Geopolítica? O conceito de força é subvertido. Tecido social? Os relacionamentos obedecem a uma ordem totalmente desafiadora, invertendo honra, glória e louvor.

A adoração apocalíptica exige devoção integral em todas as áreas da vida romana. Sempre resistindo às tentações da propaganda imperial. Sempre desafiando as noções preestabelecidas.

É inevitável ao leitor moderno que se questione se sua vida também é orientada de modo a resistir às propagandas próprias da sociedade de hiperconsumo. Quão parecidas com Roma são nossas ideias a respeito de poder, riqueza, sabedoria, força, honra, glória e louvor? Cantar com toda a criação submissa a Cristo é colocar em xeque tudo aquilo em que este mundo crê. A adoração em Apocalipse não são apenas palavras de elogio a Deus, mas declarações poderosas que formam uma comunidade. São também frases desafiadoras que colocam a vida de quem as pronuncia em risco. Mais que isso, são verdades que tomam conta de corações e transformam o mundo.

capítulo 12

Perspectiva bíblica do cuidado [de si e do outro]

KENNER TERRA[1]

INTRODUÇÃO

Somos seres desejantes. A sociedade do marketing sabe bem disso e torna a tarefa de escolher dificílima. Via de regra, fazemos da vida um palco da dramática corrida por objetivos e aspirações, sem nos dar conta de isso ser algo sadio ou doentio. Na vida, tudo o que fazemos está sujeito a essas duas possibilidades. Mesmo a religião pode ser libertadora, consoladora, criadora de esperança, mas também opressora, desumana e destruidora. Por isso, para *estar-no-mundo* na condição de pessoas repletas de objetivos e desejos, temos de levar em consideração [especialmente nós, da Igreja de Cristo] que a principal característica da humanidade é seu desejo de cuidado.

....

[1] Casado com Mariléa Terra, pai de Beatriz, Roger e Gabriella. Pastor da Igreja Batista da Praia do Canto, Vitória, ES. Formado em teologia pelo Seminário Teológico Batista do Sul, com convalidação no ES; mestre e doutor em Ciências da Religião (UMESP). Docente na graduação em Teologia e no Programa de Pós-Graduação em Ciências das Religiões (mestrado e doutorado profissionais) da Faculdade Unida de Vitória, ES. Secretário da ABIB (Associação Brasileira de Pesquisas Bíblicas) e coordenador do Grupo de Pesquisa Linguagens da Religião. Autor, em parceria com Gutierres Siqueira, do livro *Autoridade bíblica e experiência no Espírito*: a contribuição da hermenêutica pentecostal-carismática (Thomas Nelson Brasil) e *O Apocalipse de João*: casos, cosmos e contradiscurso apocalíptico (Editora Recriar).

doutrina e devoção

O ser humano tem dois modos básicos de *ser-no-mundo*: o trabalho e o cuidado. Se, por um lado, "o trabalho no mundo ocidental tornou-se um modo de dominação onde até mesmo a tecnologia deixa de ser um recurso de auxílio ao ser humano e passa a ser o objeto em si mesmo"[2] (assertiva comprovada no cotidiano), por outro, a experiência de cuidado no âmbito do trabalho transforma o sujeito-objeto em sujeito-sujeito, pois pressupõe relações humanizadas. Talvez você pergunte qual é a relação disso com o pastoreio, a Igreja, a fé, o cristianismo, a espiritualidade etc. Entenda: o cuidado faz parte da essência das relações desses conceitos citados e dá sentido a todos eles.

A lógica do mundo em que vivemos está enraizada na ideia de consumo, progresso, sucesso e acúmulo de bens. Com isso, até mesmo aquilo que valoramos como bom ou mal é medido pelo lucro, pelo poder ou pela quantidade acumulada de bens. Assim, o cuidado vai sendo deixado de lado, em nome das posses e da expansão. A situação vira um problema quando alguns crentes em Jesus se deixam levar por essa concepção e acabam interpretando a vida segundo esses mesmos "princípios hermenêuticos". O resultado disso é que a espiritualidade acaba tendo a estrutura *deste século*, ou seja, passamos a acreditar que a relação com Deus, as expressões de piedade e a fé estão embasadas na troca e na acumulação (uma forma de capital espiritual).

A espiritualidade apresentada nos escritos joaninos, por exemplo, ajuda-nos a perceber como Jesus e a comunidade cristã dos primeiros séculos trataram as construções ideológicas de seu mundo. Na primeira epístola de João, está escrito:

....

2 OLIVEIRA, Roseli M. K. *Cuidando de quem cuida:* proposta de poimênica aos pastores e pastoras no contexto de igrejas evangélicas brasileiras. São Leopoldo: Escola Superior de Teologia, 2004. Dissertação de mestrado.

"não ameis o mundo nem o que há no mundo. Se alguém ama o mundo, não está nele o amor do pai" (1João 2.15 — ARC). A etimologia da palavra "mundo" no Evangelho de João e nas cartas joaninas é bem complexa, pois faz referência a disputas teológicas e ideológicas na comunidade, como bem analisou R. E. Brown.[3] Não podemos aprofundar essa questão neste curto artigo, mas podemos fazer uma releitura dessa passagem bíblica a fim de entender que esse versículo "mundo" não reflete a ideia de preconceitos legalistas ou moralistas, mas refere-se aos conceitos de mentalidade, imaginação cultural e organização das relações sociais, ou seja, "mundo" tem a ver com princípios, motivações e projetos que animam o espírito das pessoas de determinada geração. Se a Igreja deixar de lado o centro do evangelho, a saber, o cuidado nas relações e a ação motivada pela instauração do Reino de Deus, e passar a postular esquemas de valorização ou desvalorização segundo os padrões pragmáticos — marca evidente do nosso mundo —, estará perigosamente enveredando pela lógica deste século. Contudo, no Evangelho de João, Jesus diz: *"Eu venci o mundo"* (João 16.33). "Vencer", cujo aspecto verbal é o perfeito (*nenikēka*), consola-nos. O perfeito no grego bíblico expressa uma situação presente como resultado de ação(ões) acabada(s) no passado. Por isso, o versículo afirma a vitória de Jesus contra o mundo de aflições, com suas sutis mazelas, com suas propostas desumanas e ideias injustas. Hoje, sob essa ação cabal realizada por Jesus, estamos em um mundo que foi derrotado, ou seja, habitamos um mundo vencido e temos a capacidade de não nos render a esta era má. Tal qual Cristo derrotou o mundo, nós também podemos fazê-lo.

Seguindo os passos de Jesus, portanto, *o cuidado é a melhor maneira de expressarmos os princípios do Reino de Deus*, pois sua

----

[3] Ver. BROWN, R. E. *Comunidade do discípulo amado*. São Paulo: Paulus, 1999.

doutrina e devoção

ação sempre foi a de cuidar. Doentes, pecadores, injustiçados etc. foram alvos constantes de sua ação. Um grande historiador da busca pelo Jesus histórico, John Dominic Crossan, em uma de suas palestras no Brasil, demonstrou como até mesmo as escolhas geográficas de Jesus eram motivadas pelo desejo de cuidado. Após pesquisar a história, o contexto social, político e econômico da região costeira do mar de Tiberíades, Crossan percebeu que Arquelau, governante contemporâneo de Jesus, explorava os pescadores locais com impostos injustos. E, por incrível que pareça, Jesus esteve nesse mesmo local e nessa mesma época proferindo a mensagem do Reino e suas propostas de vida. Seria coincidência?

Sob o pressuposto do *cuidar*, acredito na ação pastoral da Igreja, pois pastorear o mundo é dever de todo representante de Cristo, e não algo limitado simplesmente a uma pessoa, na figura de um ministro formalmente consagrado. O que é cuidar segundo a perspectiva bíblico-pastoral? Quais são os resultados de uma comunidade de fé cuidadora? Quais são suas motivações? Essas questões serão aqui expostas, sem qualquer intuito de esgotá-las, mas buscando o aperfeiçoamento da ação da Igreja como representante de Deus.

PAULO, O APÓSTOLO DO CUIDADO

Iniciamos a discussão a respeito da ação *poimênica* da Igreja tomando como modelo inicial o apóstolo Paulo em seu trabalho pastoral. Embora Paulo seja conhecido pela maioria dos leitores bíblicos como um teólogo denso, ele é, antes de tudo, um pastor cujo conteúdo escriturístico reflete preocupações pastorais. Escrever exigia de Paulo sensibilidade prática. Com isso, afirma-se aqui algo importante sobre o missionário dos gentios: ele escrevia mais como pastor do que como teólogo sistemático. Um exemplo importante de sua preocupação pastoral encontra-se na discussão travada com os gálatas. Nessa carta, depois de uma longa exposição a respeito de sua preocupação por estarem aqueles cristãos deixando o evangelho por ele pregado — no bloco 4.12-31 —, Paulo expõe-se, cheio de sensibilidade pastoral, mostrando aos gálatas suas boas e paternas intenções. Esse texto pode revelar-nos detalhes a respeito das motivações *poimênicas* de Paulo.

Usando um verbo no imperativo (*gínesthe*), o apóstolo suplica aos gálatas que adotem a mesma atitude sua em relação à Torá, pois já se tornara como eles, depois do seu chamado/conversão:[4] "Eu lhes suplico, irmãos, que se tornem como eu, pois eu me tornei como vocês" (v. 12 — NVI). Esse apelo faz eco com 1Coríntios 11.1; 1Tessalonicenses 1.6 e Filipenses 3.17, momentos em que ele se apresenta como modelo a ser imitado. Paulo lembra, emocionado, a ocasião em que, pela primeira vez, lhes anunciou o evangelho (Atos 16.6), por causa de uma enfermidade (Gálatas 4.13). Essa cena é cheia de sensibilidade e emoção, porque era comum, na Antiguidade, os doentes serem rejeitados. Em um de seus livros, J. Bortolini fala da prática de cuspir no chão para "fechar o corpo" ou isolar a doença. Contudo, mesmo quando esteve doente, Paulo foi bem recebido pelos gálatas, como se fosse um anjo (mensageiro) de Deus ou o próprio Cristo (4.12-14). A aceitação inicial, segundo o apóstolo, foi tão boa que, em sua interpretação, à luz do acolhimento disponibilizado, os gálatas seriam capazes de arrancar os próprios olhos para doá-los ao mensageiro doente. Obviamente, Paulo está usando uma hipérbole, exagero linguístico que servia para enfatizar como eles o respeitavam e amavam (v. 15). O apóstolo, então, pergunta: "Será que, depois disso tudo,

---

4 Para a discussão sobre a experiência paulina como uma típica chamada profética, veja SEGAL, Alan F. *Paul the Convert*. The Apostolate and Apostasy of Saul the Pharisee. New Haven/London: Yale University Press, 1990.

doutrina e devoção

por ter falado a verdade, tornamo-nos inimigos?'". Ou seja, a mesma pregação que inspirou tamanha afeição entre os gálatas e Paulo agora é motivo de inimizades, porque outro evangelho estava sendo pregado. Paulo tenta abrir os olhos de seus ouvintes para as intenções dos seus adversários, os quais são alvos de suas críticas desde o capítulo 2. Esses pregadores não são louváveis e têm aparente e enganoso zelo, e não são, como Paulo, pessoas que realmente sofrem por seus filhos na fé (4.17-18). E, para expressar dramaticamente sua preocupação, o apóstolo estabelece o contraste entre o zelo passageiro dos pregadores infiltrados e o seu, o qual foi por ele comparado a dores de parto (4.19). Enquanto os falsos mestres demonstravam cuidado somente quando estavam entre eles e, mais adiante, Paulo mostrará a falsidade dessa preocupação (Gálatas 6.12-13) —, Paulo sente pela segunda vez dores de parto por vê-los se afastarem do que lhes havia pregado (4.19). Como os seus ouvintes já estavam se deixando levar pela pregação legalista dos falsos mestres, e isso era o mesmo que anular o sacrifício de Cristo, Paulo é mais enfático: dolorosamente, seria preciso gerá-los outra vez, ou seja, trazê-los de volta ao evangelho da liberdade. Para Paulo, essa escolha dos gálatas era tão séria a ponto de o apóstolo usar essa metáfora (v. 19). No texto, o autor convida seus ouvintes a pender para o lado daquele que se preocupava de maneira solícita e genuína, demonstrando verdadeiro cuidado, e não dos intrusos que haviam chegado depois. Segundo o sábio Paulo, a sua vontade era estar lá para, pessoalmente, fazer sua defesa (v. 20).

O pastor Paulo mostra mais do que interesse institucional. Ele tem sincera preocupação com seus interlocutores da igreja na Galácia. O cuidado mostra-se em palavras verdadeiramente acolhedoras, materializadas em lamento e angústia pessoal por causa da situação na qual estavam seus leitores. O centro da perspectiva pastoral nessa parte é o cuidado, a ponto de sua dor ser tal qual um parto. À luz desse episódio, ilumina-se a ação pastoral da Igreja, alicerçada na disponibilidade para o cuidado.

CONCEITOS: DEFINIÇÕES PARA REFLEXÃO

O termo *cuidado* tem suas raízes na palavra "cura". Alguns autores dizem que deriva da expressão latina *cogitare-cogitatus*, cujo sentido é bem próximo de *cura* e tem as seguintes ideias: "cogitar, pensar, colocar atenção, mostrar interesse, revelar uma atitude de desvelo e de preocupação".[5] O cuidado tem relação com zelo, bom trato, ajuda, compaixão, solicitude, e somente ocorre quando nos preocupamos com o outro. Nesse sentido, nossa experiência de vida neste mundo se tornará mais parecida com a de Cristo quando transformarmos a existência do outro em algo importante para a nossa. Essa é uma forma de *estar-no-mundo* que é regida, não pelos valores mundanos, mas pelos divinos.

Nessa experiência guiada pelos valores de Deus, as relações serão menos opressivas, a convivência será pacífica, o viver se tornará mais humano e, ao mesmo tempo, espiritual, pois essa espiritualidade se encarna na vida. Não é acidental no catálogo de virtudes sobre o fruto do Espírito (Gálatas 5) as ações estarem vinculadas ao cotidiano. Com quem e onde exercemos domínio próprio? Com anjos? No deserto? No céu? Não! Fazemos isso na vida e em comunidade; no mundo, a grande comunidade.

Uma expressão que já utilizamos por aqui e que a bibliografia teológica moderna tem desenvolvido é *poimênica*. Essa palavra não está no nosso dicionário e vem do grego *poimen*, cujo significado abrange a ação pastoral e está ligado ao conceito de cuidado. Shneider-Harprecht define *poimênica* como o "ministério de ajuda da comunidade cristã para com seus

---

5 OLIVEIRA, Roseli M. K., 2004.

membros e para outras pessoas que a procuram na área da saúde, através da convivência diária no contexto da Igreja".[6] Na *poimênica,* o cuidado se consubstancia nas ações motivadas pelo poder do Espírito, levando os de dentro a um cuidado mútuo, para se assistirem cada qual em suas necessidades, em todos os âmbitos, e às outras pessoas ao nosso alcance, fazendo a vida e as experiências de Jesus valerem.

Em um interessante artigo sobre a relação entre ajuda psiquiátrica e religião, Cambuy, Amatuzzi e Antunes apresentaram algumas propostas que podem ser úteis na ação pastoral:

> *a importância de se desconstruírem e desmistificarem as motivações neuróticas e narcísicas da religiosidade do cliente, libertando a espiritualidade de seus aspectos ilusórios e direcionando, assim, o potencial vital para uma fé mais amadurecida.*[7]

Dessa mesma forma, o pastor deve ter a capacidade de refinar, por meio do diálogo, as ideias degradantes que conduzem a algumas posturas religiosas neuróticas e narcisistas, para apresentar caminhos que potencializem uma fé madura. Isso também é importantíssimo no cuidado pastoral e na *poimênica*.

Diante disso, somos naturalmente questionados: será que a Igreja como comunidade pastoral tem vinculado suas relações aos princípios do *cogitare* (cuidado)? Ou as pessoas com quem lidamos são percebidas, consciente ou inconscientemente, como mercadorias ou consumidores de nossos materiais religiosos? Como Igreja, temos valorizado nossa capacidade de dialogar, defender e cuidar daqueles que estão

----

6 *Idem.*
7 CAMBUY, K.; AMATUZZI, M. M.; ANTUNES, T. A. *Psicologia clínica e experiência religiosa.* Disponível em: <<www.pucsp.br/rever/rv3_2006/p_cambuy.pdf>> Acesso em: 11 dez. 2007.

sendo explorados e destituídos dos direitos que o próprio Deus garantiu? Será que nossa ação missionária está sendo motivada pelo princípio do cuidado?

Para iluminar um pouco mais essa discussão, podemos fazer uma leitura dos profetas do Antigo Testamento, os quais deram respostas públicas em momentos de grandes crises.[8] Isso poderá ajudar-nos na compreensão de como Deus se preocupa com a questão do cuidado e de como os profetas se posicionavam a esse respeito.

Quando a nação se distanciava dos valores e dos princípios da aliança com Javé, o profeta anunciava uma mensagem carregada de autoridade divina para cuidar dos injustiçados e condenar os mecanismos de injustiça (Amós 8.4-6; Isaías 5.8; Miqueias 2.1-2).

Ao lermos o livro das profecias de Amós, que atuou no período do reinado de Jeroboão II (séc. VIII a. C.), ficamos abismados quando, depois de proferir os sete oráculos contra as nações vizinhas, o profeta faz suas acusações contra Israel. J. L. Sicre[9] aponta os crimes detectados por Amós cometidos em Israel:

1) *"venderam os justos (tsaddîq) por prata"*: desprezo ao que deve;
2) *"indigente ('ebyôn) por um par de sandálias"*: escravização por dívidas ridículas;
3) *"esmagam sobre o pó da terra a cabeça dos fracos ('dallîm)"*: humilhação/opressão dos pobres.
4) *"tornaram torto o caminho dos pobres (anawim)"*: desprezo pelos humildes;
5) *"um homem e seus filhos vão à mesma jovem"*: opressão dos fracos (das empregadas/escravas);

----

[8] AIRTON, José da Silva. *A voz necessária:* encontro com os profetas do século VII a. C. São Paulo: Paulus, 1998.
[9] SICRE, J. L. *A justiça social nos profetas.* São Paulo: Paulus, 1990.

doutrina e devoção

6) *"se estendem sobre vestes penhoradas, ao lado de qualquer altar"*: falta de misericórdia nos empréstimos;
7) *"bebem vinho daqueles que estão sujeitos a multas, na casa de seu deus"*: mau uso dos impostos (ou multas).

As expressões *venderam, esmagaram* e *tornaram tortos* pintam um quadro de descaso, indiferença e injustiça nas relações sociais em Israel, demonstrando, assim, a falta de cuidado de um para com o outro. Por isso, aparecem a condenação de Deus e a visível oposição de Amós. Corrigir os caminhos ímpios denunciados por Deus pelo profeta seria o mesmo queestabelecer sensibilidade pastoral e criar um coração poimênico no povo.

CUIDADO PASTORAL E A *SHALOM*

Na tradição judaica, o homem é visto de maneira holística. Ou seja, ele é compreendido em sua integralidade. É nesse sentido que se emprega o termo hebraico *shalom*. O significado básico dessa expressão é a ideia de ser completo, de ser intacto, de salubridade, de integridade ou da integridade de uma comunidade.[10] Essa expressão pode ser traduzida como "paz" (inclusive muitas Bíblias traduzem assim), mas se referindo a uma forma mais ampla de bem-estar. Como disse Brakemeier, *shalom* é "um estado de integridade, de algo não violado, de harmonia e paz".[11] A palavra está ligada à ideia de saúde física, orgânica, psicológica, social, ambiental e espiritual. O conceito descreve a paz que excede o entendimento limitado da

----

10 KOEHLER, L.; BAUMGARTNER, W.; RICHARDSON, M.; STAMM, J. J. שָׁלוֹם. In: *The Hebrew and Aramaic Lexicon of the Old Testament*. Volumes 1-4 combinados em uma única edição eletrônica. Leiden; New York: E.J. Brill, 1999, 1994-1996.
11 BRAKEMEIER, Gottfried. *O ser humano em busca de identidade*: contribuições para uma antropologia teológica. São Leopoldo: Sinodal, 2002. *Apud:* OLIVEIRA, Roseli M. K. *Cuidando de...*, p. 22.

simples neutralização das guerras e alcança a porção total do ser humano.

Esse conceito era de difícil entendimento para a mentalidade grega, porque os helênicos viam o homem como corpo-alma, dualisticamente. De uma forma diferente, a visão semítica percebe o homem em estado total e integral, sendo que até mesmo as experiências ruins são integradas no todo do ser humano, pois podem ser oportunas. Roseli M. K. de Oliveira diz que o cuidado não envolve apenas libertar a pessoa do sofrimento, mas também ajudá-la a aprender com o sofrimento e a buscar nele sentido pedagógico.[12]

Sob tal perspectiva, o horizonte da poimênica é expandido a todos os âmbitos que estão ligados ao termo *shalom*. Como cuidadora, a Igreja apresenta salvação integral, com um evangelho disposto a atuar em todos os âmbitos da vida humana. Seu território abrange a existência como um todo, não se limitando a atender apenas parcialmente às necessidades humanas.

No Novo Testamento, as expressões mais próximas a *shalom* são o substantivo *eirene*,[13] o verbo *eireneuo* e o adjetivo *eirenikos*, os quais aparecem nos Evangelhos e nas Cartas carregando o horizonte das relações harmoniosas (entre as pessoas, entre as nações, entre Deus e a humanidade), de isenção de incômodo, segurança, ordem (Estado, Igreja) e descanso (Mateus 10.34; Atos 15.33; 24.3; Efésios 2.17; Marcos 9.5; 2Coríntios 13.11).[14]

No cuidado pastoral da Igreja, as responsabilidades não se limitam a falar do evangelho, envolvendo também

----

12 OLIVEIRA, Roseli M. *Op. Cit.*
13 KOEHLER, L.; BAUMGARTNER, W.; RICHARDSON, M.; STAMM, J. J., 1999, 1994-1996.
14 VINE, W. E.; UNGER, Merril F.; WHITE, WILLINA JR. *Dicionário Vine*. O significado exegético e expositivo das palavras do Antigo e do Novo Testamento. 3. ed. Rio de Janeiro: CPAD, 2003.

doutrina e devoção

promovê-lo, torná-lo real, fazê-lo perceptível e materializá-lo *poimenicamente*. É ir de encontro às desgraças da humanidade ou se abrir para que essas sejam vistas pela Igreja, para, assim, construir propostas que resultem na *shalom*: a harmonia e a paz entre as pessoas e no mundo.

O tema é indispensável quando percebemos que *shalom* alcança também as questões ambientais, que é a paz e a harmonia da criação de Deus. Intensifica-se em nossos dias a preocupação ecológica, porque a humanidade falhou em cuidar do que Deus pôs sob sua responsabilidade. A Igreja também precisa comprometer-se com essa temática, pois as catástrofes ambientais, o mau uso dos bens naturais e o descaso com o meio ambiente, tudo isso é uma afronta contra o Deus Criador e dono de toda a criação. Nossa escatologia não pode compactuar com as mazelas da humanidade, a qual permanece debaixo do pecado e parece não saber cuidar do meio ambiente, que é presente de Deus, comportando-se de forma ingrata.

A promoção e a concretização da *shalom* como missão da Igreja exigirão, em muitas situações, posicionar-se, fazer escolhas e estar disposto a se sacrificar. Observem como Jesus se posicionou nos Evangelhos, suas escolhas, os locais e situações em que ele esteve presente. No ministério do Senhor, onde quer que houvesse caos, desordem, medo, falta de esperança, descaso humano, desgraça e hipocrisia, ali o Mestre agia terapeuticamente. Ele falava e se posicionava manifestando o Reino e a imagem do Deus invisível (Colossenses 2.15) cuidando das pessoas. Sua pastoral era para a vida, e não para a morte. Observe, por exemplo, os grupos religiosos judaicos do tempo de Jesus. Eles cuidavam do povo como "coveiros", pois destruíam tanto a liberdade como a autonomia humana em nome de suas muitas tradições, as quais, em sua maioria, escondiam interesses pessoais de domínio e poder. Jesus, combatendo essa proposta de fé, desqualificou tradições que deixavam de lado aspectos essenciais da

Lei. No episódio de Mateus 15.1-9, Jesus é questionado sobre seus discípulos não lavarem as mãos para comer. A resposta do Mestre envolveu apontar que, por questões da tradição e de sua religiosidade vazia, esses mesmos críticos estavam deixando de lado questões eternas da Lei, como, por exemplo, a do cuidado dos pais — o que um bom judeu faria (Mateus 5.5-7). Jesus mostrou que a mesma tradição reivindicada por aqueles religiosos servia para desobedecer àquele que instaurou a Lei. Seria muito fácil para os escribas e fariseus usarem artifícios religiosos para isentá-los de suas responsabilidades familiares, responsabilidades determinadas por Deus. Jesus não deixou de criticar essa postura, porque ela mostrava alguns desvarios presentes na maneira como tratavam o povo, cujos resultados não geravam vida, mas morte. Esse episódio traz à memória as palavras do profeta Amós:

> *Aborreço, desprezo as vossas festas [...] Afasta de mim o estrépito dos teus cânticos [...] não ouvirei as melodias dos teus instrumentos. Corra, porém, o juízo como as águas, e a justiça, como o ribeiro impetuoso* (Amós 5.21-s — ARC).

A pastoral da vida é regada pela graça e pelo Espírito. Nela, o consolo se torna a principal motivação. Para isso, a fé no Deus de amor e justiça precisa ser o abrigo seguro das reflexões pastorais. Somente dessa maneira o cuidado se moldará a essas características, tornando os agentes pastorais mais "poimênicos" e, consequentemente, mais parecidos com Cristo.

CUIDANDO DE SI E DO OUTRO NA FORÇA DO ESPÍRITO

Um funcionário do governo estadunidense, chamado Francis Fukuyama, anunciou o "fim da história".[15] Para ele, o fim não

---

15 FUKUYAMA, F. *O fim da História e o último homem*. Rio de Janeiro: Rocco, 1992.

seria o tempo apocalíptico dos acontecimentos, mas das utopias, das mudanças estruturais, como se o sistema que rege hoje o mundo fosse o limite possível. Um mundo marcado pela injustiça, pela desigualdade, no qual as pessoas somente pensam em seus próprios interesses, não pode ser o único mundo possível ou seu telos. O evangelho de Jesus e suas propostas são bem diferentes das propostas deste mundo. O modelo de fim da história precisa ser a proposta do Reino de Deus e seu evangelho.

Na escatologia cristã, preservam-se a esperança do advento de Cristo e a implantação do seu reino final. Mas isso não nos isenta da responsabilidade do cuidado com a Terra e com o ser humano. Como cuidadores, estamos no mundo representando Cristo, que, juntamente com o Pai, enviou o Espírito Santo para sermos suas testemunhas, como agentes "poimênicos", com a bandeira do evangelho, promovendo *Shalom*.

Se considerarmos o lugar da experiência do Espírito nessa tarefa, seremos convencidos de que não estamos sozinhos. Essa presença divina propiciará novos olhares sobre o cuidado de si e do(s) outro(s). O teólogo pentecostal David Mesquiati de Oliveira afirma: "essa possibilidade de contato direto e imediato [com o Espírito] não deveria substituir as outras vias, mas daria intensidade ao que se vive como comunidade e como tradição, podendo, em alguns casos, introduzir novas práticas".[16] As novas práticas seriam modeladas pela presença pneumática no mundo, a saber, a poimênica da Igreja revestida do Espírito, cujas obras serão sempre as mesmas do Pai e do Filho. A doutrina do Espírito Santo torna-se, dessa forma, a pneumatologia do cuidado ou do amor.[17]

....

16 OLIVEIRA, David Mesquiati. "Os Pentecostais, o Espírito Santo e a Reforma". In: *Pistis Praxis*, n. 2 v. 9 (maio/ago. 2017): 539-553. p. 543.
17 YONG, Amos. *Spirit of Love*: a Trinitarian Theology of Grace. Waco, TX: Baylor University Press, 2012.

Esse tipo de padrão deve ser observado também no ministério específico do pastor, que, como representante da comunidade cristã e separado por ela, tem não só o trabalho de cuidar, mas também de ser cuidado.

Cuidar de si e do outro é o ser da Igreja. Indiscutivelmente, a espiritualidade bíblica não nos desconecta da vida e das pessoas. Pelo contrário, não há devoção a Deus se não estivermos mergulhados em relações comunitariamente poimênicas.

referências

AIRTON, José da Silva. *A voz necessária:* encontro com os profetas do século VII a. C. São Paulo: Paulus, 1998.

BLACK, C. Clifton. *The Lord's Prayer.* Louisville: Westminster John Knox Press, 2018.

BRAKEMEIER, Gottfried. *O ser humano em busca de identidade:* contribuições para uma antropologia teológica. São Leopoldo: Sinodal, 2002.

BROWN, R. E. *A comunidade do Discípulo Amado.* São Paulo: Paulus, 1999.

BRUNER, Frederick Dale. *The Gospel of John: a Commentary.* Grand Rapids: Eerdmans, 2012.

CAMBUY, K.; AMATUZZI, M. M.; ANTUNES, T. A. "Psicologia clínica e experiência religiosa". Disponível em: <<www.pucsp.br/rever/rv3_2006/p_cambuy.pdf>> Acesso em: 11 dez. 2007.

CROSSAN, John Dominic. *The Greatest Prayer:* rediscovering the Revolutionary Message of The Lord's Prayer. Nova York: Harper Collins, 2011.

EDWARDS, Jonathan. *Afeições religiosas.* São Paulo: Vida Nova, 2018.

FUKUYAMA, F. *O fim da História e o último homem.* Rio de Janeiro: Rocco, 1992.

KIMNACH, Wilson H. *The Sermons of Jonathan Edwards:* a

Reader. New Haven: Yale University, 1999.

KOEHLER, L.; BAUMGARTNER, W.; RICHARDSON, M.; STAMM, J. J. שָׁלוֹם. In: *The Hebrew and Aramaic Lexicon of the Old Testament*. Volumes 1-4 combinados em uma única edição eletrônica (ed. eletrônica). Leiden; New York: E.J. Brill, 1999, 1994-1996.

LEVINE, Amy-Jill. *The Misunderstood Jew*: the Church and the Scandal of The Jewish Jesus. Nova York: Harper Collins, 2006.

MCGRATH, Alister. *Uma introdução à espiritualidade cristã*. São Paulo: Vida, 2008.

MENDONÇA, José Tolentino. *A leitura infinita*: a Bíblia e a sua interpretação. São Paulo: Paulinas; Pernambuco: Universidade Católica de Pernambuco, 2015.

MUELLER, Enio R. *Caminhos de reconciliação*: a mensagem da Bíblia. Joinville: Grafar, 2010.

MURRAY, Ian H. *Jonathan Edwards*: uma nova biografia. São Paulo: PES — Publicações Evangélicas Selecionadas, 2015.

PALMER, Richard E. *Hermenêutica*. Lisboa: Edições 70, 2011. (Coleção: O saber da filosofia — 15.)

PELLETIER, Anne-Marie. *Bíblia e Hermenêutica hoje*. São Paulo: Loyola, 2006.

OLIVEIRA, David Mesquiati. "Os pentecostais, o Espírito Santo e a Reforma". In: *Pistis Praxis*, n. 2 v. 9 (maio/ago. 2017): 539-553. p.5 43.

OLIVEIRA, Roseli M. K. *Cuidando de quem cuida*: proposta de poimênica aos pastores e pastoras no contexto de igrejas evangélicas brasileiras. São Leopoldo: Escola Superior de Teologia, 2004. Dissertação de Mestrado.

PETERSON, Eugene. *Coma este livro*: as Sagradas Escrituras como referência para uma sociedade em crise. Niterói: Textus, 2004.

SEGAL, Alan F. Paul the Convert. *The Apostolate and Apostasy of Saul the Pharisee*. New Haven and London: Yale University Press, 1990.

SICRE, J. L. *A justiça social nos profetas*. São Paulo: Paulus, 1990.

SMITH, J. K. *Você é aquilo que ama*. São Paulo: Vida Nova, 2017.

STOTT, John. *Entenda a Bíblia*. São Paulo: Mundo Cristão, 2005.

VANHOOZER, Kevin. *Há um significado neste texto? Interpretação bíblica: os enfoques contemporâneos*. São Paulo: Vida Acadêmica, 2005.

VINE, W. E.; UNGER, Merril F.; WHITE, WILLINA JR. *Dicionário Vine*. O significado exegético e expositivo das palavras do Antigo e do Novo Testamento. 3. ed. Rio de Janeiro: CPAD, 2003.

YONG, Amos. *Spirit of Love:* A Trinitarian Theology of Grace. Waco, TX: Baylor University Press, 2012.

ZABATIERO, Júlio. *Manual de exegese*. São Paulo: Hagnos, 2007.